JN045210

ラーメンを気持ちよく食べていたらトップセールスになれた

伝説のトップマネジャーが教える
「売れ続ける」技術

川村和義

WAVE出版

◎はじめに

「自分なりにがんばってるつもりなんですが、なかなか結果がついてこないんです」

といって、私の事務所に相談に来る営業マンは後を絶ちません。私がマネージャーや支社長のときによくありました。あなたもそんな悩みを心の中でつぶやいたこと、ありませんか？

そんなとき私は、笑顔で相づちをしたあとに、必ずこの質問をします。

「自分なりって、どれくらいですか？」

「がんばってるつもりって、どんな感じですか？」

たいていの人ははっきりとは答えてくれず、不思議なのですが、

「やっぱり、そこですよねー」と汗をかきながら、

「結局、努力が足りないだけなんですよね」となります。

みんな、会う前からあまり努力をしていないことを自覚していて、わざわざ私に叱ってもらいに来ているかのようです。叱ってあげてもいいのですが、それだけではその場で一瞬反省して終わりです。

私は、この本を手にとってくれたあなたに、せっかくがんばるなら「正しい努力」をしてほしいのです。それは「正しいやり方」で「継続してやる」こと。この2つがセットになってはじめて成立します。

本書には、私がこれまで試行錯誤しながら身につけてきた、プロの営業マンとして自立していくための考え方と方法（売れ続ける技術）が集約されています。**ポイントとなるのは、自分の「ファン」をつくり、そのファンから「応援される」人間になることです。**

ではタイトルにあるように、どうしてラーメンを気持ちよく食べていたらトップセールスになれるのか、その秘密をお伝えします。

2020年8月

川村 和義

ラーメンを気持ちよく食べていたらトップセールスになれた　目次

第2章

なぜファンになって応援してくれるのか？

第3章

ファンの心をつかむこだわり

第4章

3つの法則でファンをつくる

第5章

4つのステップで一流になれる

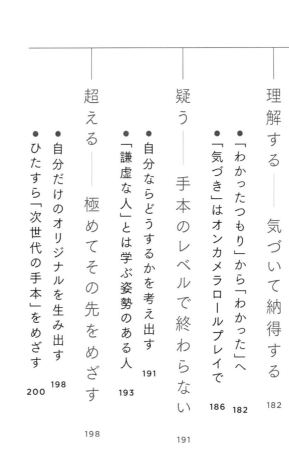

装幀　小口翔平・奈良岡菜摘（tobufune）
執筆協力　倉田ひさし
DTP　システムタンク
校正　東京出版サービスセンター
編集　大石聡子（WAVE出版）

第1章

営業って
ファンづくりだった

「モノを売る」から「ファンをつくる」へ

形のない商品は必要性で売る

じつは「カタチのないモノを売る」のが、生命保険会社の営業の仕事です。

八百屋さんのように店先で新鮮な野菜や果物を売るわけではないし、パン屋さんで焼きたてのパンを棚に並べて売るわけでもありません。住宅展示場にすてきなモデルハウスを用意しているわけでもなく、ショールームにカッコいい車を展示してもいないし、オシャレな洋服を飾って見せているわけでもありません。

家や車や洋服など、モノの価値が目に見えてわかるものより、「カタチのないモノを売る」というところに難しさがあります。

しかも生命保険は、誰もが欲しがっている（顕在ニーズがある）という商品でもありません。ですから、たいていの人はこう思っています。

「もし自分に何かあったら必要かもしれないけれど、今は元気だし、健康診断でも特別どこも悪くない」

このように生命保険の必要性は、潜在化していて気づきにくいため、「天気のいい日に傘を売る」ような商売なのです。

そこで私たち生命保険販売のプロの仕事は、潜在しているニーズを掘り起こして「顕在化」させること。つまり、**まだお客さま自身ですら気づいていないニーズに気づいていただき、「ぜひそれを手に入れたい、かなえたい！」と感じていただくこと**が、仕事をするうえでの大前提となります。誤解を恐れずに言えば、あらゆる業種の中で最も難しい営業と言えます。

何かを欲しがっている人に、「こちらの商品は、いかがですか？」と勧める営業ではありません。反対に「生命保険はいらないよ」「私には必要ないから」「生命保険は勘弁して

よ」という人に、

「そうですよね、皆さんそうおっしゃいます。たしかに今すぐ生命保険なんて必要ないですよね。でも、せっかく生命保険のプロと出会えたのですから、一度あなたとご家族の人生について一緒に考えてみませんか？」

そんなアプローチからスタートするところが、形あるものを売る営業と異なるところです。

私はこれまで21年間、生命保険会社に勤めてきました。その間、自分から「生命保険に入りたいのですが」と訪ねてきてくれたお客さまは一人もいません。

また、生命保険の提案書に「保険設計書」があります。「万が一のときの保険金額はこうなっています」「解約返戻金はこうなります」「保険料はこの金額です」という数字をお見せしながら読み上げても、何もワクワクしないし、誰も喜んでくれません。

こんな調子で生命保険を勧めても、売れることはありません。

ここで大切なのは「商品」を売るのではなく、「考え方」を売ることです。これまで考えてもいなかった「潜在化していたニーズ」に着目し、新しい気づきを体験してもらうこと。生命保険の「必要性」や「大切さ」に気づいてもらうことです。

例えば、世の中のお父さんは誰でも、家族を守っていこうという思いがあるはずです。家族のために毎日がんばって働く。子どもが成長し、マンションが手狭になってきたら、郊外でもいいから大きな家が欲しいと思う。子どもたちの部屋もつくってあげたい。誕生日やクリスマスにはプレゼントもしたいし、お正月にはお年玉もあげたい。ディズニーランドや海外旅行にも連れて行ってあげたい。

でも、もしもこのお父さんに何か起こって亡くなってしまったら、誰が代わりをしてくれるのでしょう？　国とか会社が守ってくれるでしょうか？　お父さんの学生時代の親友が面倒をみてくれるでしょうか？　近所の誰かが助けてくれるでしょうか？

そんなとき、お父さんの愛情の代わりはできないけれど、経済的には代わりをしてくれるものがあったらいかがですか？　お父さんとして、大切な家族を守るために天国から「保険金のプレゼント」を届けてあげられる仕組みがあったらいかがですか？

それをお客さまの現状に当てはめながらイメージしていただき、「そんな解決策（生命保険）があったら、ぜひ入りたい」と、その**必要性に気づいていただき、加入の決断を促していくこと**が、私たちの仕事です。

商談はファンづくりと考える

でも、そこで契約が成立して一件落着すると、新しい問題が出てきます。契約が成立した時点で「一件の見込み客を失ってしまった」ことになるのです。

生命保険の仕事で一番大事なことは、見込み客を見つけること、次のお客さまをどうやって見つけるかということです。

営業の基本は「ベースマーケット」からスタートします。身のまわりの友人・知人から「見込み客」を見つけることです。最初はお付き合いで、仲のいいベースマーケットの人に、加入していただけるかもしれません。でも、次第に行くところがなくなって、小中学校などの名簿を頼りに、徐々に薄い人間関係しかない人たちにも電話をかけることになります。

「覚えてる？　一緒に砂場で遊んだよね？」などと声をかけても、ガチャンと電話を切られるのがオチです。これでは新たなマーケットは広がらず、営業は順調にはいきません。

そこで重要なのが**「モノを売る」から「ファンをつくる」への発想の転換です。**いかに自分のファンを開拓して増やしていくか。

それは、レストランや居酒屋でも美容院やアパレルショップでも、マッサージ師や弁護士、税理士でも、どんな商売でも同じ。リピートしてもらい、その人に友人や知人を誘ってもらわなければ、次はないのです。

ただ残念ながら、これまで多くの営業マンのマネジメントや教育に携わってきましたが、ほとんどの方は「一件とりに行く」「一件契約が欲しい」と意気込んでアプローチします。はじめましての挨拶のときに、まるで「一件欲しい」と顔に書いてあるかのようです。

その表情のまま「当社の商品のいいところはこうです」「このプランはいかがですか？」と始めてしまうのです。

私は、そういうやり方をしたことがありません。一件お預かりしたいという気持ちがな

いわけではありませんが、それよりも、

「私のファンになってください」

「私を好きになってください」

というスタンスを大切にしています。

「一件契約が欲しい」と「ファンになってください」とでは、初対面のときに相手に与える印象が違ってきます。**「一件売れること」と「ファンになってもらうこと」では、ゴールがまったく違います。**


「この人は、これまで会った保険屋さんと何か違う」

「話していると、とても感じがいい」

「生命保険の話をしているのに、なぜか楽しい」

と感じてもらう。そこが、ファンをつくるためのファーストステップ。それは、すでにお客さまと向き合う以前のスタンスで決まっているのです。

ファンが応援してくれるから売れる

見込み客はベースマーケットから

生命保険の仕事で、何よりも「見込み客を見つけること」が大事だということは、お伝えしました。では、具体的にどうするのか？

まず最初に「ベースマーケット」を考えると、中学や高校の友達とか、大学のクラブの仲間、以前の職場の同僚ということになります。お互いに相手のことをよく知っています。

その人たちに話を聞いてもらって喜んでもらい、さらに自分の知らない人を紹介してもらう。そして、その紹介いただいた方に喜んでもらい、さらに紹介の輪を広げていくのです。

基本の「ベースマーケット」を（X）とすると、そこからスタートして、その紹介先（Y）にアプローチする。そして、さらにそのまた紹介先（Z）に広げていく。生命保険業界では、これを「XYZマーケティング」と呼んでいます。

私自身の体験をお話ししましょう。

大学スキー部時代の1つ年上で、ある大手住宅総合メーカーに勤める先輩がいました。東京に出てきている大学の先輩が少なかったため、OB会などで何かと仲良くしてもらっていました。

私が生命保険の営業を始めたときも、

「私の勉強してきたことが役に立つかどうか、ぜひ15分だけでも胸を貸してください！」

と電話をしたら、歓迎してくださり、事務所を訪ねました。

そこで先輩に商談をして喜んでいただき、生命保険にも入ってもらいました。ありがたいことに、のちに会社の同僚の方を何人か紹介いただきました。住宅メーカーのため1階にはたくさんの商談ブースがあり、いつもそこをお借りしてファーストアプローチをさせてもらっていました。私がそこで商談していると、

「おう、川村来てんのかー、がんばれよー」

と必ず声をかけてくれ、商談が終わりかけたころに、

「もう一人、話を聞きたいって言ってるんだけど、いつもの15分のやつ、話してやってくれない?」

そんな感じで、また別の人を紹介してくれます。私が先輩の事務所で商談をしていると聞きつけると、毎回そうやって誰かを連れてきてくれるのです。


先輩がどんなふうに私を紹介しているのか、後で知りました。

「うちの大学のスキー部の後輩で川村っていうやつがいてな、とても明るくて元気なやつなんだ。リクルートでトップセールスになって、今はプルデンシャル生命でがんばっていて、こいつと会うと保険の話もさることながら営業の勉強にもなるから、みんな一度会ってみたら?」

と嬉しい応援をしてくれていたのです。普通、紹介といっても、

「大学の後輩がプルデンシャルって会社で保険を扱ってるんだけど、よかったら聞いてみない?」

というのが一般的ではないでしょうか。しかし先輩は、私との人間関係、バックボーン、人柄、会うことのメリットなどをコンパクトに詰め込んでくれていたのです。

その事務所のブースで話をしていると、

「川村さんの話って面白いな」

「話を聞いていると営業の勉強になるよ」

と言いながら、いつの間にか人が集まってきます。

本来、保険屋さんには会いたくないはずなのに、お客さまのほうから会いに来てくれるのです。しかも、私のことを気に入ってくれる人が、どんどん増えてくる。新入社員も含めて、先輩のいる事業部には社員が30人ほどいたのですが、ほぼ全員が私の生命保険に加入してくれました。

ファンクラブに入ってもらおう！

では、このように応援してくれる人や背中を押してくれる人を、どのように増やしていくのか。ファンになってくれる人を、どのように広げていくのか。
この住宅メーカーの場合、もともとスキー部の先輩しか知らなかったのに、1つの事業部のほとんどの人が私のファンになってくれました。単なる「お客さま＝契約者」ではなくて、友達かそれ以上の仲のいい関係が生まれたのです。

重要なのは、「ベースマーケット」（X）からスタートし、その紹介先（Y）にアプローチし、さらにそのまた紹介先（Z）に話を聞いてもらうこと。この（Z）をどんどん増やしていくのが大切。Zまで広がればマーケットは無限なのです。
ただ一般的には、Zマーケットでは人間関係が薄くなってしまうのが課題です。それを、2回か3回の商談の中で、10年来の友達のようなベースマーケットと同じ関係をつくっていく。**Zで出会ったお客さまをX化していく**ということ、つまり生命保険を売るたびにベースマーケットが増えていくという不思議な構造です。

これは、私の「ファンクラブ」に入ってもらうことと同じなのです。私はこのシステムを「ファンクラブマーケティング」と名づけました。**「売れば売るほど、見込み客が増え**

る」——**そんな夢のような営業手法**を、あなたはどう思いますか。

何よりも、お客さまに単なる生命保険という商品を販売するだけでなく、お客さまに気づきを与え、信頼と感動を勝ちとり、自分の虜にすること。そして、そのお客さまが、

「紹介してあげてもいいよ」

というレベルではなく、

「私の担当者を誰かに自慢したい！」

と自分の大切な方に広めていってくれる。そこまでいけば、この連鎖は止まらなくなるのです。

ファンクラブマーケティングという言葉を使い始めたのは、今から20年ほど前、私がマネージャーになってからです。その時代に年間営業成績のトップを意味するＰＴ(President's Trophy)になり、支社長になってからもトップクラスを維持し、2年連続でＰＴにもなりました。その後も、私のメンバーたちが支社長部門で10年連続してＰＴを獲得し、今でも教え子たちが活躍してくれています。

ここで感じていただきたいのは、ファンクラブマーケティングは、決して私一人で成功させたものではなく、私と一緒にやってきたメンバーだけが成功したわけでもなく、私のまったく知らない人が私のメンバーに採用され実践しても、結果を残すことができたということです。

つまり、**非常に高い「再現性」があるということ。そんな再現性がある考え方とノウハウが詰まっている営業手法なのです。**

このファンクラブマーケティングを身につけることによって、この本を手に取っていただいた方全員に、「売れば売るほど、見込み客が増える」という体験を味わってもらいたいのです。

感動が生まれれば ファンは増える

若い人にこそ丁寧なアプローチを

紹介を受けて、会社の社長さんにアプローチすることもよくあります。お会いしてみると、エネルギッシュでおおらかで、声も態度も大きい人。こういうタイプの方は、意外に契約までいかないケースが多いものです。

「あなたなら入ってもいいよ」

と言うので、日を改めて申込書を持参すると、

「あれ、そんなこと言ったっけ?」

となることも。しかし時には、なんとか契約までたどり着いて、

「こんなにいい保険なんだから、私がうちの社員全員に紹介するよ」と言ってくれるありがたいケースもあります。ただ、

「この生命保険いいから、みんな入れよ」

と言われて素直に入る人はほとんどいません。入ってくれたとしても、社長の顔を立てなければと忖度する幹部の人たちくらい。義理とお付き合いの感覚です。

付き合いで入らされるとわかっているから、ほかの社員の方たちは私と目も合わせてくれないので、こういう紹介ではうまくいきません。

私は社長さんと同じように、若手のビジネスパーソンにも全力で営業してきました。いや、むしろ若い人こそ大切にしてきたかもしれません。なぜなら、そういう方のほうが「熱烈なファン」になってくれた経験が多くあったからです。ただ、工夫は少し必要です。

例えば、若い事務職の女性へのファーストアプローチ。このとき、近くのコーヒーチェーン店に入って、まわりにいっぱい人がいる中で、

「ご家族は？　年収は？　結婚のご予定は？」

などと聞かれるのは嫌に決まっていますね。

私ならこんな感じです。待ち合わせは、新宿駅西口の交番前。会ったらすぐに、「ちょっと静かに話せるホテルのラウンジにでも行きましょう」とタクシーに乗ってワンメーター。パークハイアット東京の41階にある「ピークラウンジ」に向かいます。

自然光がふりそそぐ開放的な空間と、凛とした サービス、豊富な種類の紅茶やコーヒー。シェフ特製の季節感あふれるデザートもあります。それだけで喜んでくれ、大切にされていると感じてくれることもあります。

この「大切にされている」と感じていただくことが大事です。なぜなら今から大切な今後の人生のこと、家族のこと、将来の夢などをヒアリングして、生命保険の話をしていくわけですから。

「大切にされている」と感じてくれているからこそ、「この人なら大丈夫」と本音で話してくれます。本音だからこそ、その人にとって本当に必要なものを知ることができ、ずれない解決策を提案できます。それが、信頼につながっていきます。

「熱烈なファン」をつくることは簡単ではありませんが、**ちょっとした気遣いやきめ細や**

かな対応、全力でのサービスの積み重ねで生み出されるのです。

エコノミークラスで「感動」を生む

飛行機に乗ったときに感じることがあります。

日本の航空会社は、ビジネスクラスに優秀なCAをたくさん配置しすぎているように感じます。本当なら、エコノミークラスにこそサービスレベルの高い人をもっと置かなければいけないと思うのです。

なぜなら、ビジネスクラスに乗る人は、ほとんどが社長さんとか、ビジネスで海外に何度も出かけている人です。そういう方たちは、サービスの内容よりも、スケジュールに合う飛行機があれば満足で、どこの航空会社でもかまいません。

搭乗したら機内食にも手をつけずに眠ってしまうこともあるし、書類を読むことに集中しているかもしれない。そもそも、旅を楽しむために乗るのではないから、特別なサービスを期待していない人も多いでしょう。

若い人たちは違います。夢の海外旅行のためにせっせと貯金して、3年とか5年に一度くらい仲間と一緒に海外に行こうと思っている。そういう人たちは、なかなかビジネスクラスに乗ることはできません。

どこで食事をするとか、どの店で買い物をするとか夢をふくらませて、ちょっと窮屈だけれどエコノミークラスに乗る。機内食の時間になって、

「Beef or chicken？」と聞かれ、「Beef」と答えると、

「Oh I'm sorry. Chicken only」と言われたりする。

ガッカリしますよね。そんなときに、ベテランのＣＡが駆けつけてきて、

「少々お待ちください」

と言って急いでキャビンに戻り、

「1つだけありました」

「特別にご用意できました」

と笑顔でもってきてくれたら、こんなに嬉しいことはありません。この小さな心遣いに感動して、

「次に海外旅行するときも、この航空会社にしよう」

と心に決めたり、

「あの航空会社はとてもサービスがいいわよ」

と友人たちにも勧めるのではないでしょうか。

だからこそ、ビジネスクラスではなくエコノミークラスに、サービスレベルの高いＣＡを置かなければならないのです。

大切にしてもらったという思いと、受けたサービスへの感動が広まれば、ファンは自然に増えていくのです。

われわれ営業の世界もまったく同じです。普通の営業マンは、

「社長さんなら大きな契約になるかもしれない」

と考えます。だからホテルのラウンジで商談し、一生懸命に夜の接待もします。でも社長さんにとっては、それが日常茶飯事であり、「感動」や「驚き」は、まず生まれません。

むしろ、普段忖度されている社長さんほど、

「社長、時間がないと思いますので、近くのコーヒーショップでいかがですか？」

と言われたほうが、自然体でスムーズにコトが運んだりするものです。

ラーメンは気持ちよく食べなさい

「ラーメン一杯」が宝を生む

私がプルデンシャル生命の支社長時代の話です。

当時、東京・白金高輪の魚籃《ぎょらん》坂下に事務所が移転することが決まり、その前に近所を探索しておこうと思い立ち、歩きまわってみました。夕方になって「お腹が空いたな」と思ったときに、ふと、ラーメン屋さんを見つけました。ラーメン屋というより、ご夫婦と息子さんと3人でやっている、街中の普通の中華料理屋さんで「天山飯店」というお店です。

ふらりと入って、ビールと餃子と肉野菜炒めを頼んだら、これがとても旨い。大満足して食べ終わり、「お会計お願いします」と言ったら、財布を忘れていたのです。カードも何もない。覚悟を決めて、お母さんに名刺を差し出しながら、

「プルデンシャル生命の私、川村と言います。すみません、財布忘れました。明日必ず来ますから」

そう言って頭を下げました。

「もし来なかったら、赤坂まで集金にいくわよ」

お母さんはクスッと笑ってくれました。

もちろん、次の日も肉野菜炒めを食べて、2日分の支払いを済ませました。ありがたいことに、そこからのご縁が今でも続いています。

その後、事務所の移転が終わって、毎日のように天山飯店でランチを食べ、夜もちょくちょく通って、また仕事に戻るという生活。1日1回は顔を出すくらい、すっかり常連になっていました。

新入社員が入るたびに、研修初日の夕飯は必ず天山飯店に行くようになりました。

「お母さん、どうも！　また新人が入ったから、よろしくねー」

と声をかけると、

「みんながんばりなさいよー。この人についていけば大丈夫だから！」

そんなふうにみんなを励ましてくれるのです。

メンバーたちもこのお店を気に入ってくれて、昼飯や夕飯に行くと、誰かしらと顔を合わせるくらいです。メンバー全員が店の人と打ち解けて、常連になっていました。


支社が白金高輪に移って3年目くらいだったでしょうか。メンバーの数もまだ10人ちょっとしかいないころです。いつものように、お昼時に天山飯店でスポーツ新聞を読みながら、おいしくラーメンを食べていたら、お母さんが、

「かわPさん、保険のことをちょっと聞きたいんだけど」

(私は、社員やお母さんから「かわP」と呼ばれていました)

ラーメンを食べるのも新聞を読むのも途中だったので、

「ちょっと勘弁してよ。憩いの時間を取らないで」

と、一度は軽く流しました。私は、お母さんに生命保険の話をしたことは一度もありま

せん。その日は忙しいふりをして、また次の日に行くと、

「かわPさん、ほんとに私、保険のこと聞きたいんだから！　ほかの保険会社の人から聞くわよ！」

そうまで言われて断るわけにはいきません。そこで、提案してみました。

「本気で生命保険の話を聞きたいのなら、うちのメンバーの中から担当を選んでよ」

「そんなの選べないわ。みんなお客さんだし」

「いやいや、そこが大事なんよ」

私はいつも、次のようにメンバーに言ってきました。
「ラーメン1杯、緊張感をもって、気持ちよく食べなさい。たまたまテーブルに相席した人が『あなた旨そうにラーメン食べるね。あなたから保険入ろうかな』と言ってくれるかもしれない。また、麺上げしている大将が、『あんた、この店のお客さんで一番気持ちよくラーメン食べるねー。あんたの保険に入ろうかな』と言ってくるかもしれない」（なかなかそんなこと、言ってくれませんけど）
そこで、

「彼らはそう教えられてこの店に来ているから、誰が一番気持ちいいか、誰を担当にしたいか。ぜひ、うちのメンバーから選んでほしい」

とお願いしました。

「そこまで言うならわかったわ」

そこでお店が昼休みに入るころに、支社の研修室に飾ってあるメンバーのプロフィール写真13人分を店にもっていき、カウンターにずらっと並べながら、

「どの子がいいですか？　まずは3人選んで」

と言ったら、お母さんが悩みながらも選んだ3人は、見事に支社のトップ3だったのです。お母さんは営業成績のことなど何も知らないはずなのに。

選ばれる決め手は「平生」にあった！

「じゃ最後に、この3人の中で誰が一番いい？」

と聞いたら、「う〜ん」と考えながらも確信をもって、

「この真ん中の人」

と指をさしました。お母さんが選んだのはTというメンバーで、体育会系揃いの中では控えめでおとなしく、落ち着きのあるタイプ。

「なんでこの子を選んだの？」

「いつも笑顔がすてきだし、挨拶もふるまいも気持ちいいから」

お母さん、よく見ているなと感心しました。それと同時に、Tの普段のふるまいを誇らしく感じました。

私はそれまでメンバーにたくさんのことを伝えてきましたが、その中で**最も大切にしている言葉が「平生《へいぜい》」です。これは「普段の何気ない生活の中にあなたの実力がでる」ということです。**

例えば普段、会社のミーティングによく遅刻してくる人が、「私はお客さんの前では一度も遅刻したことがありません」と言ったら？

例えば普段、会社でいつもシャツの第1ボタンが外れていて、スーツもヨレヨレの人が、「私はお客さんの前ではバリッとしてます」と言ったら？

例えば普段、会社で暗くて伏し目がちな人が、「私はお客さんの前では笑いをとっています」と言ったら？

これって信じられますか？

ということは**普段、会社や家族・友人・地域コミュニティなどの中できちんとできていることしか、お客さまの前ではできない**ということです。だからこそ、「普段の生活の中で実力を磨いていこう。平生を磨こう」をメンバーの合言葉にしていました。

自分が相手のファン第一号になる

当たり前ですが、私は生命保険に入ってもらうために、天山飯店に通っていたわけではありません。ただ天山飯店の人が好きになり、肉野菜炒めと肉そばもおいしかったので毎日のように通いつめ、その流れでメンバーを連れて行っていただけなのです。

そして、いろんなところで「白金高輪においしい中華料理屋さんがあるよー」と言っていたら、知らぬ間に天山飯店の宣伝部長になっていたのです。

そうなんです、私が先に天山飯店のファンクラブになったのです。そして、お母さんも私に興味をもってくれ、私を応援してくれる。私のメンバーのことも応援してくれる。そこが大事なところ。

「応援するから、応援される」

「応援されるから、もっと応援したくなる」

もし、「なんで自分はお客さまから応援してもらえないんだろう?」と嘆いているなら、**まず誰かを応援することから始めてみてはどうでしょう。**

あなたも、日々の生活でお世話になっている方は、たくさんいると思います。それは、ラーメン屋さんのお母さんかもしれないし、喫茶店のマスターかもしれない。肉屋のおじさんかもしれないし、居酒屋の大将や女将さん、スーパーやコンビニの店員さんかもしれない。散髪屋や美容院の店長やスタッフのお姉さんかもしれない。

そんな日々の生活で出会うたくさんの方々との間で、

「あの人は気持ちいい人だな」

という関係ができていないのに、お客さまといいコミュニケーションをとれるでしょうか。**お客さまの前だけでいい顔なんてつくれるはずがないし、気持ちいい人間になんてなれません。**普段の何気ない生活の中でこそ実力が育まれるのです。

その後Tは、天山ファミリーに生命保険の話をして、とても喜んでいただきました。そしてその3年後、彼が営業マンとしてプルデンシャル3000人中№1（PT）になれるなんて、この時点では誰も知る由はなかったのです。

「ラーメンを気持ちよく食べていたらトップセールスになれた」

このことを、目の当たりにした出来事でした。

ちなみに、天山のお母さんとは最初の出会いからもう15年近くたちますが、いまだに「無銭飲食の人」と呼ばれています。

何気ない挨拶がファンをつくる

「挨拶力」を鍛えていますか？

「挨拶」という言葉の意味をご存じでしょうか？「挨」には心を開くという意味が、「拶」には近づくという意味があります。**「心を開いて相手に近づく」、それが挨拶。**あなたは、普段からそんな心のこもった挨拶をしているでしょうか？

例えば、「おはようございます」と伏し目がちに、「行ってきます」「行ってらっしゃい」とささやくような声で、「ただいま」と誰とも目も合わさず、「おかえり」とパソコンをたたきながら、これまた目を合わさず。

これで挨拶と言えるでしょうか。挨拶言葉を形だけ交わしているにすぎず、気持ちがこもっていません。自分の心を開いて、相手の心に近づこうとする思いが感じられません。

私が支社長をしていたときは、挨拶の仕方を徹底的に指導しました。普段の何気ない生活の中に実力が出るわけだから、「とにかくまず挨拶にこだわろう」と。

私の「挨拶」への気づきは、もともとは掃除のおばさんから始まっています。かつて住んでいた広尾のマンションでの出来事です。当時12世帯ぐらいしかない小さなところでしたが、毎日、共用部分の清掃のため、掃除のおばさんが通いで来てくれていました。笑顔が少なめで、あまり多くを語らない方でした。

そこで、「この人で挨拶力を鍛えよう！」と勝手に決めて、毎朝出かけるときには元気よく、

「おばさん、おはよう。行ってきまーす！」

と、わざわざ近づいていって挨拶するようにしたのです。

「おばさん、今日もよろしくね」

最初のうちは返事もなかったのですが、1週間ぐらいすると、おばさんのほうから、

「川村さん、行ってらっしゃい」

と挨拶をしてくれるようになったのです。

その後は、

「天気がよくて、気持ちいいねー」

「今日は雨降ってるから、気をつけてね」

と話しかけてくれ、笑顔も見せてくれるようになったのです。きっと出勤後、私の部屋の前だけ特別ピカピカに磨いてくれているんじゃないかと思ってしまうほどに。

私は今までよりも、明らかに気持ちよく会社へ向かうことができました。そして、掃除のおばさんも、きっと以前より気分よく掃除に取り組めているのではないかと思うのです。これぞ「挨拶の魔法」です。

エレベータートークもチャンス

会社の中でも同じです。以前、私が働いていたビルは築30年ぐらいで10階建て。それほど大きいビルではないけれど、管理人のおじさんが3人ほど毎日常駐してくれていました。

私は出勤のときには必ず裏口から入って、おじさんたちに、

「おはようございます、今日もよろしくお願いします」

と挨拶していました。管理人のおじさんたちも、気持ちよく、

「今日もよろしく」

と笑顔でこたえてくれました。


私はそのビルで7年ほど働いていたので、同じビルで働くほかの会社の社長さんはじめ社員の方々とも仲良くなっていました。

例えば、朝イチにエレベーターホールで会えば、

「あっ、社長、おはようございます！　ゴルフの調子はどうですか？」

営業マンを見かければ、

「おはよう！　最近売れてる？　儲かってる？」

と声をかける。

なんの関係もない他社の社長や営業マンに声をかけている人は、あまり見かけません。

普通は、せいぜい「おはようございます」と挨拶だけして、その後は目も合わさずエレベーターに乗り込み、沈黙の中、チーンとなってドアが開いて相手が降りるのをただ待っ

ているのではないでしょうか。

でも、そんなことでは「平生」を鍛えることはできません。チャンスを自ら放棄しているようなもの。なんともったいないことか。

普段の生活の中のささいなコミュニケーションこそ、自分を鍛えるチャンス。そこで磨きつづけた人だけが、お客さまの前で実力を発揮できるのです。

ファンの紹介は連鎖していく

例えば、あなたが2人の親友からおいしいラーメン屋さんを紹介されたとき、次のどちらの店に行きたくなるでしょうか？

1人目は、うんちくたっぷりにこう言います。

「九州の久留米出身のラーメン屋さんで、スープは大量の豚の頭・背骨を、骨がとろけるくらいになるまで24時間強火で炊きつづけることで味と旨みが凝縮され、濃厚でクリーミーな味わいにもかかわらず、後味はスッキリ。麺は、極細ながらも小麦本来の香りとモッチリ感も味わえる。歯切れ、スープへのからみが絶妙。そんな最高の1杯が、950円とリーズナブルに味わえるんだよ」

2人目は私です。

「とんでもなく旨いラーメン屋があるんだけど。一度行ってみたら？　絶対に後悔させないから！」

どうでしょう？　あなたは、どちらに行きたくなりますか？　1人目の場合、豚骨臭いのが苦手、濃厚なラーメンは胃もたれする、極細麺よりもっちり太麺が好き、ラーメンに950円も払いたくない……そんな人もいるでしょうし、何より説明がわずらわしい。

でも、私の場合は、それが豚骨なのか、細麺なのか、値段がいくらとか、そんなことはどうでもいいのです。「とても旨いから！」「とにかく行ってみたら！」「絶対に後悔させないから！」と、具体的にどんなラーメンかは抜きにして、

「ごちゃごちゃ言わないで、とにかく行ってみて！」

と、なかば強引に背中を押しているわけです（ここまで押されると行かざるをえない）。

そしてお店に向かったあなたが、そのラーメンを食べ、

「川村さんに紹介されて来てみたんですけど、本当においしいですね」

と感動すると、ラーメン屋さんの大将も嬉しい。そして、

「いいお店を紹介してくれて、ありがとう！　とんでもなくおいしかった！」

と私にも感謝してくれる。さらに今度はあなたが、

「あのラーメン屋さん行ったことある？　めっちゃ旨いよ！　一度行ってみたら！」

と、まるで自分が見つけたお店であるかのように、また別の友達に自慢げに宣伝する。

これこそ、まさにファンクラブマーケティング。このラーメン屋さんの評判は、自然と広がりつづけることでしょう。


ある日、私が久しぶりにそのラーメン屋さんに行くと、大将から、

「川村さん、また紹介してくれたみたいで、ありがとね」

と感謝され、気づいたら餃子が3個サービスでついている。

ラーメン屋さんは、おいしいラーメンをただひたすらつくりつづける。そして、そのラーメンを食べて「おいしい」と感じた人がまた誰かを連れてきてくれる。その誰かが

「おいしい」と感動して、またほかの誰かを連れてきてくれる。

営業マンもまったく同じです。商品スペックのよさや価格の安さだけで紹介されたとしても、そこから大きく広がっていくことはありません。なぜなら、それは表面的な「理解・納得」の世界だからです。

われわれがめざすところは、「信頼・感動」の紹介。「とてもいい人だから！」「きっと役に立つから！」「とにかく会ってみて！」と熱く応援してもらえる存在にならなければならないのです。

ちなみに、今回のラーメン屋さんの話で、だれも不幸になった人はいません。みんな幸せな気分になれたのではないでしょうか。こうして、自分と友達とラーメン屋との「ハッピートライアングル」ができあがるのです。

初対面でファンにしてしまう極意

「初対面のとき、何か気をつけていることはありますか？」

そう聞かれることがあります。お客さまの情報は最低限の知識として頭にたたきこんではいるものの、私だって初対面のときは緊張するし、どんな人なのか不安も感じます。

でも、なんとかお客さまに興味をもっていただいて、できればファンになってもらいたい。そのときに、私は3つのスタンスを大切にしています。

①お客さまに興味をもつ
②お客さまの立場で考える
③お客さまのことを先に好きになる

一般的には、初対面の緊張した場面で、ついつい自分のことや自社商品のことを売り込みすぎたり、好かれようと媚びてみたり、という方が多いように感じます。逆に、私の大切にしているスタンスは、「すべてお客さま中心」ということ。でも、これ、簡単そうでなかなか難しいことです。

お客さまにファンになってほしいし、好かれたいし、虜にしたい。そのためには、まずこちらから先にお客さまを好きになること。好きになるためには、お客さまに興味をもって、立場を置き換えて考えること。そこからがスタートです。

そして商談中に最も気をつけていることは、**「インからアウトは情熱的に、アウトからインは冷静に」**ということ。

私は、講演会や研修でも、メンバーとのミーティングでも、お客さまとの1対1の商談中も、思いを熱く語ります。自分からまわりの人へのアウトプットは、情熱的にということです。つまり「インからアウトは情熱的に」。

ところが、じつは「もう一人の自分」がいて、右斜め上45度くらいから、冷静に、客観的に、商談をしている自分を眺めています。これが「アウトからインは冷静に」ということ。

いったい、そこで何を眺めているのか。答えは3つあります。

①商談が、当初に立てたストーリーどおりに進んでいるか。

どこかでルートを外れていないか。

②今お客さまが何を考えているのか。

お客さまが何に興味をもち、何に興味がないのか。自分の話が相手の心に響いているのか、いないのか。

③自分は嫌われているのか、好かれているのか、どちらでもないのか。

商談から少し外れ、お客さまにはそれほど響いてもなく、あまり好かれた様子でもない。であればここでクロージングしたら嫌われるだろうと冷静に判断ができ、再度仕切り直しもできる。もし、かなり興味をもってくれていて、好感度も高ければ、一気にクロージングまでいっても、きっと喜んでくれるだろうと判断ができるということです。

新人営業マンが「情熱的」に熱く語りながら、一方で「冷静で客観的」に物事を見つめる目をもつことは、簡単なことではありません。頭の中ではいろんな思いが交錯し、あっちこっちで交通渋滞を起こしてしまうでしょう。

では、なぜそんなことができるのか。それはとても基本的なことですが、セールスプロセスの**セールストークを「丸暗記」している**からです。丸暗記という言葉に違和感を感じる方もいるかもしれませんが、とても重要なことです。

いつ、どんなシーンで何を話すか、すべて「そら」で言える。次に何をしゃべろうかと台本を思い出すこともないし、すでに体がすべて覚えている。

「そうですよね」

と言いながらも、お客さまの反応に対して、
「ご主人には響いてるけど、奥さんには響いてないな」
「奥さんは、今申し込んでもいいと思ってるけど、ご主人はもう少し考えたいと思ってるようだ」
などと素早く察知するのです。

このように、お客さまの反応に全神経を集中させながら話を進めます。それができるのも、体にセールストークを覚えさせ、しみ込ませているからです。そこまでやってはじめて、情熱的に、冷静に、客観的にできるのです。

新人営業マンがビデオを見て、なんとなく台本を覚えて、お客さまの前にでる。そんなとき、「え〜それからですねー」と、台本を思い出しているようでは、ストーリーどおりに進んでいるのか、お客さまが今何を考えているのか、自分は好かれているのかになんて、気を配れるはずがありません。

だから、トレーニングのときに「徹底的に丸暗記しなさい、猿真似しなさい」と教えて

いるのです（第5章「知る」のステップを参照）。

ところが、中には、

「丸暗記なんかして、一字一句覚えたって、お客さまはそれぞれ違うから、商談では同じ場面なんてありえません」

と反論する人もいます。

でもそれは、セールスの本質がまったくわかっていない。なんのために丸暗記するのかといえば、熱く語りながらも、その一方でお客さまの反応をすばやく感じ取り、心の中の本音を見抜くためなのです。

その場の状況を冷静に分析しながら素早く判断したいからこそ、徹底的に丸暗記する。

「インからアウトは情熱的に、アウトからインは冷静に」——それがお客さまをファンにする大事な戦術のひとつなのです。

まだ気づいていない必要性を呼び起こす

かつて、保険業界には「GNPセールス」という販売手法がありました。GNPは「義理・人情・プレゼント」の頭文字からとったもので、「お願いセールス」「お付き合いセールス」のことです。

ここから枝分かれして、商品スペックだけで押し込んでいく「商品セールス」、他社との違いをアピールする「比較セールス」もあります。日本の生命保険業界では、このレベルのセールス活動が中心でした。

近年では「コンサルティングセールス」という手法もあります。

「あなたの悩みはなんですか？」

「欲しいものは何ですか？」

「心配なことは何ですか？」

と尋ねます。もしもガンになったらという悩み、老後の問題、年金のこと、介護の心配

などなど。それを聞きだして、
「あなたにピッタリの保険はこれです」
と提示する。つまり「顕在化したニーズ」に合わせて、コンサルティングという形をとりながらセールスするのです。おそらく今では、大半の生命保険の営業マンがこうしたコンサルティング風の営業スタイルをしているでしょう。

私はこれを「ていのいい御用聞きセールス」と呼んでいます。こういった形のセールス手法を続けていても、ファンクラブマーケティングが巻き起こることは、絶対にありえません。

表面的な「顕在化したニーズ」に焦点を合わせても意味がないのです。なぜなら、生命保険という商品について「こういうものが欲しい」と、明確に自分の欲しいものを答えられるお客さまはほとんどいないからです。

それよりむしろ、**その人が気づいていない「潜在化したニーズ」に気づいてもらう「ニードセールス」が大切です。**

「この新商品はあなたにぴったりです」

「この商品を買ってください」

というスタンスでは決してない。お客さまのまだ気づいていない（潜在）ニーズに対して問題提起を行い、**「本当に欲しかったもの」を呼び起こすこと。その「気づき」を売るのです。**

こうした本当の意味でのニードセールスができる生命保険販売のプロは、おそらく保険業界の中で、まだ1％もいないでしょう。ここまでたどり着ければ、お客さまはその営業マンを放っておきません。その他大勢から抜け出し、一人勝ちできる状況をつくれるのです。

この本を手に取ってくれた方の中には、保険業界以外の方もいらっしゃると思いますが、あらゆる業界の中で「ニードセールス」こそが最強のセールス手法だと確信しています。

ただ、どんなセールス手法を身につけたとしても、われわれの最大の課題である見込み客の発見ができなければ、まったく意味がありません。ではいったい、見込み客はどこにいるのでしょうか？　私がメンバーにも言い続けてきたことですが、見込み客の発見がうまくできない人の共通点はたった一つ、「生命保険に入ってくれそうな人を探そうとすること」です。

見込み客の発見がうまくなりたいなら**「生命保険に入りたがっていない人」にこそ会いに行く**ことです。私は前向きに生命保険に入りたいという人には、あまり興味を示しません。むしろ、生命保険嫌いな人ほど歓迎していました。

一般的な生命保険の営業マンは、「誰か入ってくれそうな人はいないかな」と、保険に入ってくれそうな見込み客を必死に探します。

でも、たくさん人が集まる渋谷や新宿の駅前で「生命保険に入りませんか?」とプラカードを掲げても、誰も見向きもせず通り過ぎていくはずです。

反対に「生命保険嫌いな人、この指とまれ」と言ったら、どうでしょう。おそらく、あっという間に人だかりの山ができるのではないでしょうか。世の中の99%の人は生命保険嫌いといっても過言ではありません。ということは、「保険好きな人」より「保険嫌いな人」を探すほうが、ずっと簡単なのです。

ただし「生命保険嫌いな人」(厳密にいえば生命保険という商品ではなく、生命保険のセールスをされるのが嫌いな人）のアポイントをとるのは、簡単ではありません。最初から「保険なんて勘弁して」と断られるのがオチです。

もともと生命保険に興味も期待もなく、

「保険屋さんなんてみんな一緒。どうせ、つき合いで入ってくれって言うんでしょ。しつこくされたり押し売りされるのはごめんです」

そう思っているから、もし会ってくれたとしても、

「まあいいや。そこまで言うなら会うだけ会ってみるけど、断っていいよね」

くらいの気持ちなんです。

でも、じつはそこがポイントなのです。そんなふうに**事前期待値が低いからこそおいしいのです**。こんな心持ちのお客さまに、気持ちのいい営業マンが、わかりやすく生命保険の必要性を気づかせてくれ、リスクもしっかりカバーして夢までかなう。そんな最高の話を楽しくしてくれたらどうでしょう。そのギャップこそが、最後には、

「こんな保険屋さんがいたんだ！」

と大きな感動に変わるのです。

はじめは、まったく興味も期待もない生命保険の話だし、入りたくもないものだったのに、知らぬ間に必要性に気づき、自ら前向きに契約してくれ、そのうえファンになってくれる。そんな考えられないような大逆転が起きるのです。

だから、次のご紹介をいただくときには、

「とっても気持ちのいい保険屋さんがいるんだけど、一度会ってみたら？」

と友人に自慢してくれるのです。

「とってもおいしいラーメン屋さんがあるんだけど一度行ってみたら？」

というのと同じです。その具体的な考え方やノウハウについては、私のオンライントレーニングサイト「イタダキ」を参考にしてください。考え方だけでなく具体的なやり方まで、約180本（2020年8月時点）の動画コンテンツで学べます。

最後に、私からのアドバイスはこうなります。

「生命保険に興味のない人にこそ会いに行きなさい」

われわれに対する事前期待値が低いほど感動が大きくなり、それこそがファンクラブマーケティングを継続させる最大の秘訣なのです。

第2章

なぜファンになって応援してくれるのか？

「応援したくなる人」とは？

みんなから「応援される人」とはどんな人なのか。

思わず「がんばれ！　と声援を送りたくなる人」とはどんな人なのか。

スポーツの世界大会で日本代表が戦っているときに、思わず「行けー」「がんばれー」と応援したくなるのは、なぜなのか。日本を代表していることは置いておいて、理由は2つあります。

①明確な目標をもっている

オリンピックで金メダルを取りたい、世界でベスト8に入りたい。そういう明確な目標に向かっている人は、つい応援したくなるし、いつの間にかファンになっている。

②全力でがんばっている

自分の能力を使い切り、その目標に向かって挑戦している人には惹かれてしまう。反対に、高い目標もなく、なんのためにがんばっているのかわからない人。努力したりがんばっている姿がさっぱり見えてこない人。そういう人を応援したいという気持ちにはならないでしょう。

例えば、保険屋さんがはじめて営業に訪れたとき、

「生命保険も扱っていますが、別に保険を売りたいわけではないのです。そんなにガツガツしてません。別に入っていただかなくてもいいですから」

「私自身はあまりたいした事ありませんが、それなりに人脈や情報も持っていますので」

こんな曖昧なスタンスの営業マンを、お客さまが応援したいという気持ちにはなりません。むしろ「いったい、なんのために来たのか?」とイラッとするのではないでしょうか。

でも、こんな人だったらどうでしょう。

「この日本の生命保険業界を、もっと正しいあり方に変えていくリーダーになりたいんです!」

「あらゆる業界のトップセールスが集まってきたこの生命保険業界で、実力ナンバーワンになりたいんです！」

「社会のセーフティーネットである生命保険を、一人でも多くの人に広めていきたいんです！」

そんな目標をもって、日々死ぬほど努力しているとわかれば、

「ちょっとまっすぐすぎる人だけど、少しは応援してあげようか」

と心が動くのではないでしょうか。普通の営業マンとトップセールスマンを分けるのは、そこのスタンスの違いなのです。

もし、オリンピック選手や日本代表選手だとしても、

「世界の舞台に立てただけで満足です」

「代表のユニフォームを着れただけで光栄です」

「ここまで来れただけでいい記念になります」

と、明確な目標もなく、覚悟も気合いも伝わってこない人を応援したいとは、なかなか思えません。でも、

「オリンピックで金メダルを取りたい」

「日本代表を世界レベルに押し上げたい」

と必死になって血の滲むような努力をしてきたことが伝わってくる人に対しては、頼まれなくても自然に応援したくなるでしょう。

そんな**目標と日々の努力が明確に一致していること。それこそが「応援したくなる人」の姿**なのです。

「嫌われる」理由を「好かれる」に

世間一般的には、どんな業種であっても、営業マンはお客さまからあまり歓迎されません。生命保険業界では、とくにその傾向が顕著に表れます。

「生命保険が大好き」という人には、なかなかめぐり会えませんが「生命保険はもういいよ」という人にならいくらでも出会える。じつは、そこに大きなビジネスチャンスが隠れています。

保険屋さんが嫌われる理由には4つあります。

①縁起でもないと思われる

生命保険の話をするときに「あなたが、もし亡くなったら」とか、「交通事故で車椅子生活になったら」という事例を元気な人に話さなければならない。その意味で、「辛気くさい話はやめてほしい。縁起でもない」となってしまう。

②掛け捨てである

お金を払いつづけるだけで損する感じがする。「もし死んだらいっぱい返ってくるけど、死ななかったら損をする」というイメージが強い。

③難しくてよく理解できない

保険金や返戻金など、いろいろな数字や計算があったりすると、「何度聞いても、よくわからない」となり、結局「どこの保険会社も一緒」ということになる。

④しつこく押し売りしてくる

営業マンはそう簡単に見込み客を見つけられるわけではないので、いったん断られても、しつこく食い下がる。どうしても押し売りのように受け取られてしまう。結局「保険屋は嫌い」となる。

私がいつも講演会で話すのも、まさにこのことです。

「まさか皆さん、縁起でもない話をして、掛け捨てで損するような話をして、難しくてよくわからない話をして、しつこく押し売りのような営業をしていませんよね？」

そうすると伏し目がちになる人がとても多くいます。どうやら、従来の保険屋さんのイメージどおりのことをやっているようです。

ということは、ファンになってもらうには、このイメージを変えればいい。これまでとは反対に「しつこく押し売りしてくる人」を「気持ちいい人」に変え、「何度聞いてもわからない話」を「とてもわかりやすい話」にして、「掛け捨てで損」を「お金がたまって夢までかなう」に変え、「縁起でもない」を「楽しい」に変えていくのです。

そんなふうに**一つひとつ悪いイメージをいいイメージに変えていくことで、従来の保険屋さんとはまったく違った存在になれるのです。**

でも、逆に世の中の保険屋さんが「わかりやすく」て「夢までかなう話」をしてくれ、「気持ちよく」て「楽しい」人、そんなすてきな営業マンばかりだったらどうでしょう。そんな高いレベルの厳しい業界だったら、なかなかトップセールスとして抜け出すのも大変です。

そう考えると、**遅れている業界だとか、イメージが悪い業界だとただ嘆くのではなく、**

むしろチャンスと捉え、その真逆をいくことで圧倒的に差別化することができます。

ほとんどのお客さまが、

「あれ？　これまでの保険屋さんと違って気持ちのいい人だな」

「生命保険の話を聞いてるのに、なんか楽しいな」

と感じてくれる。それでセールスは、ほぼ成功なのです。

このことは、ほかの業界でもきっと同じでしょう。株屋さん、不動産屋さん、クルマ屋さんなど、各業界には古くからある特徴的な悪しき習慣やイメージがあると思います。それを率先して自ら変えていくのです。

そしてチームを変え、会社を変え、業界全体を変えていこうとがんばる。そんな**志をもった人なら、業界に関係なくお客さまから応援される**こと間違いありません。

業界イメージが悪いからこそビジネスチャンスがある。そう捉えれば、必ずファンをつくることができます。

4つの自信で信頼を勝ちとる

営業マンであれば誰でも、好感と親近感をもってもらい、信頼を勝ち取りたいと思います。その信頼を得るためには、「4つの自信」が必要になります。

①会社（所属組織）に対する自信

私だったら、プルデンシャル生命という会社に対する自信であり、首都圏第四支社という組織に属しているという自信です。

②商品・売り方に対する自信

生命保険という世の中に必ず役立つ商品を扱っているという自信であり、「ニードセールス」という独自の売り方に対する自信です。

③職業に対する自信

営業職という会社の最先端で組織を引っ張っているという自信であり、ライフプランナーという職業使命感の強い仕事に対する自信です。

④自分に対する自信

自分がプロとして日々、研鑽しつづけているという自信です。

あなたがお客さまだったらどうでしょう。この「4つの自信」をすべてもっている人と、1つでも欠けている人、どちらから営業を受けたいですか？　そしてあなたはどちらの営業マンになっていますか？

この「4つの自信」をもっている人には、共通点があります。それは、**会社、上司、商品に対して絶対に愚痴を言わない**ことです。逆に自信がない人は、つい居酒屋で仲間とお酒を飲みながら、

「うちの会社は、ほんと経営者も上司もバカばっかりなんだよな。売れ売ればかりでろくな新商品もない。そういう自分もろくな仕事やってないんだけどね」

などと愚痴をこぼしてしまう。そんな人間を信頼しようとは誰も思わないはずです。そ

れよりも、

「うちの会社って、ほんとにいい会社なんです。経営トップから支社長もマネージャーも仲間も、みんなこの業界をもっとよくしていきたいという志をもっていますし、生命保険という商品が必ず世の中の役に立つという信念をもって仕事に取り組んでいます。そんな仲間と一緒に仕事ができている私は、本当に幸せものです」

そんな話を聞いたら、思わず応援したくなるのではないでしょうか。

「ライフプランナーとして、お客さまに保険金をお届けするというミッションをもち、生涯この仕事をやり遂げたい。そのプロであるために、自分をいつも磨きつづけています」

そんな人にならら、心から「がんばれよ！」と声をかけてあげたくなりますよね。

こんなエピソードがあります。

私が新しいマンションに引っ越したときのこと。テレビでもCMが流れているビルトイン浄水器がキッチンに設置されていたのですが、使い方がわかりません。カスタマーセンターに電話したら、約束の時刻ぴったりに担当の人が来てくれました。

「今日はお時間ありがとうございます。今からチェックさせていただきます。よろしくお願いします」

と気持ちのいい挨拶から始まり、とても清潔感のある人でした。

彼は手際よくチェックを済ませてくれましたが、私はふとこんな質問を投げかけてみました。

「これ、カートリッジを取り替えるのが面倒だし、普通のウォーターサーバーのほうが便利で清潔なんじゃない？」

すると彼は、笑顔でこう答えたのです。

「ウォーターサーバーの水は新鮮ですが、半日か1日で飲みきりますか？」

「いや、だいたい1週間から10日くらいかかるんじゃないかな」

「水は空気に触れている間、ずっと劣化しつづけているんです。でも浄水器は水の中の不純物や臭いを取り除いてミネラル分だけを残し、必要な分だけ使うことができます。どちらのほうが安心ですか？」

しかも彼の説明によれば、ウォーターサーバーの水は食品衛生法に基づく20項目くらいのチェックだけで審査が通る。ところが彼の会社の浄水器は、水質基準に基づく51項目にわたる厳しい検査を経て供給される水道水を、さらに濾過しておいしい水にしているというのです。

その説明をイキイキと堂々と話す彼の姿に、信頼感と感動すら覚えました。彼は自分の会社のことも商品にも自信をもっていて、水という生命にとって欠かせないものを扱っているというプライドがあり、水に関する勉強もしっかりしている。そのうえ、誠実さや安心感、楽しい人柄も感じさせる。

私は一発で彼を信頼してファンになり、その場で来年のカートリッジ交換の予約までしてしまいました。プロとは、こういうことなのです。

第一印象はたった6秒で決まる

私は「**第一印象は6秒で決まる**」と考えています。

はじめての商談で駅で待ち合わせして「あ、もしかしたら、あの人がそうかな」と思って近づいて「どうも、はじめまして川村です。今日はお時間ありがとうございます」と、ここまでが6秒くらい。**これでもう第一印象は、一生変わることはないのです。**

となれば、ここでどんな印象を与え、好意をもってもらえるようにアプローチするか。

それが問題です。

きちんとした挨拶、清潔感のある髪型や服装、笑顔など、いろいろとありますが「あまり着飾らない」ということもポイントです。デートに出かけるわけではないし、毎日同じお客さまに会うわけでもないので、基本的に同じようなコーディネートでかまいません。

クリーニングして清潔でありさえすれば、同じ紺かグレーのスーツを数着もっていればいいし、白いシャツ、紺のネクタイ、黒い靴でいいでしょう。ただし、ボタンダウンのシャツはあまりオススメできません。

もともとポロ競技のウエアの襟が、風にあおられないようにボタンで留めていたのを参考につくられたといわれています。つまりスポーティーでカジュアルなシャツという位置づけ。かつてアイビーリーグの大学生の間で流行しましたが、正式なスーツスタイルではないのです。

そんな小さなことにこだわりながら、**年齢や性別や職業を問わずどんな人にも「きちんとした服装をしてますね」と言ってもらうまでいかなくても、感じてもらえるような格好をすることが大切です。**

その意味で、日ごろからいつ誰に会っても恥ずかしくない身だしなみを心がけること。

ユーミンの歌ではありませんが、

「今日にかぎって安いサンダルをはいてた」

というのでは言い訳になりません。

もちろん、スーツもシャツもアイロンをピシッとかけなければいけないし、靴もピカピカに磨いておく、ネクタイもキチッと締めなければいけない。

私の支社では、

「そのネクタイの締め方おかしくない？」

「そのネクタイ、スーツに合ってる？」

「スーツがよれよれだよ」

「靴が光ってないよ」

などと、営業マン同士お互いにチェックし合っていました。

「イケてる」とか「イケてない」など、**普段からメンバーがお互いの身だしなみに関心をもつこと。そうした文化が会社に育つと、「気持ちのいい集団」としてのレベルは格段に上がります。**

時に着飾っているメンバーを見ると、「ちょっとがんばりすぎじゃない？」と声をかけることもあります。個性を売るのはいい。でも**本当の個性は内面にあるのだから、外見を着飾って個性を出そうとしなくてもいい。**むしろ、着飾れば着飾るほど、内面が見えなくなってしまうからです。

高級なブランド物である必要は、まったくありません。シンプルな紺のスーツ、白いシャツ。紺のネクタイをびしっと締めて、黒い靴、シンプルな時計、きりりとした表情。それが基本です。そのほうが「内面の個性」が光り、際立つのです。

説得するより気づいてもらう

営業マンのノウハウとして、「説得力」が重要視される傾向があります。どうしたらお客さまを説得できるのか。どうすれば納得してもらえるのかと。でも、私は理屈とか数字で説得するというやり方はあまりしていません。

一般的には、ものごとは「理屈や数字、論理で理解してもらう方法」と、「心と感情で理解してもらう方法」があります。見回すと、このどちらかに偏っている人が多いように感じます。極端に理詰めで説得したり、極端に感情にうったえたり。でも、きっとどちらもうまくいきません。

大事なことは、**「ほどよく論理を用いて、ほどよく感情にうったえる」**こと。なぜなら、お客さまの立場で考えると、生命保険という商品を理詰めで説得しようとしても、「あなたが万が一のとき、残された家族はどうなるんですか⁉」と強く感情にうったえても、どちらも「売り込まれている」という圧力を感じてしまいがちだからです。

例えば、子どもが2人いる家族のケースを紹介しましょう。ご主人は40歳で奥さんが35歳、子どもは小学生と幼稚園生くらい。そのときご主人は奥さんからどのくらい大切にされているでしょうか。

新婚時代なら、ご主人がバリバリ仕事をしていて毎日帰宅が遅く、そのうえ家に仕事をもって帰ってがんばっているとなれば、

「あなた大丈夫？」

と健康を気にして声をかけてくれたはずです。

でも、それから10年以上たって子どもが2人いるとなると、奥さんは朝から大変です。誰よりも早く起きて朝ごはんの支度をして、子どもたちのお弁当もつくり、食事が終わったら後片付けをして、掃除、洗濯……。

お昼ご飯は残り物で済ませ、夕飯の買物に出かける。帰ってくれば洗濯ものを取り込んで畳んで、夕飯の支度に取りかかる。

子どもたちと一緒に夕飯を食べてお風呂に入れ、寝かしつけるころに、残業したあと(時に一杯やって)終電に近い時間にご主人が帰ってくる。

こんなときに、新婚時代と同じように、

「あなた大丈夫? 子どもたちより、あなたが一番大切なんだから」

そう言える奥さんが、どれだけいるでしょうか?

一方、ご主人のほうは、毎日満員電車で通勤し、会社での責任は重くなっている。生活費だけでなく、子どもの習い事や塾への支払いも必要だし、これから私立の中学、高校、大学に行かせるなら、その準備もしておかなければとプレッシャーの中でがんばっている。にもかかわらず、奥さんは子どもファーストになって、気づかいやねぎらいは薄くなっていく。

奥さんにはまったく悪気はなく、ただいつのまにか忙しさにかまけて、忘れてしまっているのです。生命保険の必要性の話をするときは、まずはそこに気づいてもらうことから始めます。

「奥さん、大卒のご主人の場合、普通定年までの生涯賃金は2億5000万円から3億円ぐらいといわれているんです」

そう言いながら、紙に「3億円」と書きます。

「ご主人はこれからまだまだ稼いでくれて、家族の大切な生活を守ってくれて、お子さんたちの将来も考えてくれています。奥さん、最近、感謝の言葉をかけていますか？　あなた大丈夫？　とか」

そう問いかけると、ほとんどの奥さんは笑いながら、

「最近すっかり忘れてました」

と答えます。

「そうですよね。でも、例えば玄関に傘立てにしている壺がありますよね。あれがとても高級なもので、ナントカ鑑定団の人が来て、『何やってるんですか、奥さん⁉　この壺は安土桃山時代につくられ、千利休が愛したもので1億円は下らないですよ』って言ったら、この壺、明日からどうしますか？」

そう聞くと奥さんは、

「大切にします！」

と声が大きくなります。

「大切に拭いて、大丈夫かな、割れてないかなとか、もしかしたら抱いて寝ちゃったりしませんか？　床の間に置いて盗られたら怖いから、夜は抱いて寝て、朝はまたきれいに拭いて、押し入れのふかふかの布団に隠して、しっかり家の鍵を締めて、セコムとか入れたりするのではないですか？　でも、ご主人はその壺の3倍も働いてくれているんですよ」

そんな話をすると、奥さんたちは、

「本当に感謝しなきゃいけないないですよね。もうちょっと大切にします！」

と気づいてくれ、微笑んでくれます。

私のしたことは、**生命保険を売り込んだのではなく、ご主人の価値に気づいてもらっただけ**です。でも、その気づきを与えることさえできれば、

「私には大切な人がいる、守ってくれている人がいる……生命保険もちゃんとしておかなきゃ」

と思ってくれるのです。

理詰めで、数字で説得することもなく、生命保険の必要性をうったえすぎることもありません。「気づいてもらうこと」こそが、心に届くメッセージになるのです。

難しいことをやさしく伝えるのがプロ

小説家で劇作家の井上ひさしさんの言葉に、

「むずかしいことをやさしく　やさしいことをふかく　ふかいことをおもしろく」

という名言があります。

もともと、生命保険はわかりにくい商品です。だからこそ、少しでもわかりやすく話をしてくれる人から説明を受けたい。

ところがアマチュアの営業マンは、格好をつけてなのか、難しい話をもっと難しくしてしまう。プロは、難しい話をとてつもなくシンプルにまとめます。そこがプロとアマの違いです。

新人の営業マンが陥りがちな間違いは、少しでもプロっぽく見せようと、

「この話はちょっと難しくなります。覚えなくていいんですけど」

などと前置きして、本当に難しい話をしてしまいます。

「現在、経済成長率が何%で、インフレ率が何%です。すると年金は今いくらしか出ていませんが、将来はもっとリスクが高まります。なぜなら、国家予算が何兆円で、日本年金機構が何兆円の運用を何%でやっていくと、結局、将来は破綻するんです」

お客さまは、そんな話を聞きたがっていません。できれば、1秒たりとも要らない話です。ところが、こういう話をしたがる営業マンがいるのです。そうすることが「プロっぽい」「人との差別化である」と信じています。でもそれは自分に酔っているだけで、お客さまは半分寝ているというのが実情です。

そもそも「プロっぽくありたい」と思った瞬間、もうアマチュアです。本当のプロなら、**できるだけシンプルなセンテンスでインパクトを出し、やさしい言葉で簡単に話せなければなりません**。そのうえで、楽しく面白い話ができれば最高です。

生命保険業界には「収入保障保険」というすばらしい保険があります。でも、

「万が一ご主人がお亡くなりになったときに、毎月20万円の保険金が支払われます」
という説明だけでは、ほとんど実感が湧かないし、胸にも響きません。それを、どうわかりやすくイメージしていただくかが、キーポイントになります。

営業マン「ご主人が万一お亡くなりになったとします。ご主人が今お勤めの会社は、とてもすばらしい会社ですが、亡くなられたあともお給料を払ってくれますか？」
ご主人さま「それはないと思います」
営業マン「そこまでしてくれる会社はないですよね。そうすると、ご主人が毎月入れてくれていた生活費ってどうなります？　奥さん」
奥さま「なくなっちゃいますよね」
営業マン「もしそうなったら大変なので、例えば天国に行ったご主人に代わって、プルデンシャル生命がご主人の年齢が65歳になるまで毎月毎月、奥さんの口座に20万円の生活費を届けてくれる、そんな保険があったらいかがですか？」
そう言うと、奥さんの中にイメージが広がって、
奥さま「え!?　天国に行った主人から生活費が振り込まれるなんて……」

というふうに、実感してもらえます。

ただ単に、亡くなったときにいくら入ってくるという経済的な話だけでなく、
「主人の代わりに生活を守ってくれる、そんな保険があったんだ！」

というところに響いてもらうことが大切なのです。

ほとんどの奥さんは、いえ誰だって難しい約款や数字の話は苦手です。だから、あくまでも難しいことをやさしく伝える努力をします。奥さんがいいと思ってくれれば、ご主人も同じように賛成してくれるものです。

わかりやすい話をする「わかりやすい人」でありたい。そのためには、「短いセンテンスでインパクトを与える」――それがプロの仕事というものです。

「また会いたくなる人」になる

私は支社長時代にスカウトをたくさんしてきましたが、候補者のターゲットを明確にしていました。

それは、「一流大学」「一流企業」「体育会系」「笑かすやつ」です。この4つのこだわりについては別の機会にお話ししますが、この中で一番大切にしていたのは「笑かすやつ」です。

「それは川村さんが関西人だからですか？」

と言われることが多いのですが（もちろんそれはゼロではありませんが）、人を笑わせるということは、場の空気が読めて、サービス精神が旺盛で、コミュニケーション力が高いということ。

いつも周囲の人を気遣い、楽しませ、自分自身も明るく楽しく振る舞っている。そんな、ただ面白いだけではなく、いつも場を盛り上げようと注意を払い努力してくれている人こそが、私のいう「笑かすやつ」という意味です。

営業所長が、ライフプランナーとしてスカウトしたい人物を連れてきます。そして何度も何度も面接をして、最後の最後に「採用、不採用」を決めるときに、当然ながらさまざまな葛藤があります。

人の人生を大きく変えることにもなるし、われわれの仲間として受け入れていいのかと、慎重になります。

見た目の雰囲気は悪くない、ただ前職での仕事ぶりはボチボチ、面接での点数もギリギリ。最終的に採るかどうかというとき、私は必ず営業所長に聞くことがありました。

「彼をうちの支社パーティーに呼びたいと思う？」
「彼を連れて飲み会に行って盛り上がるかな？」
「彼と一緒に土日にバーベキューしたい？」

その返事が、

「うーん、ちょっときついですよね」

「あまり盛り上がらないんじゃないですか」

「土日は一緒にいたくないですね」

となれば、その人は絶対に採らない。なぜなら一緒にいて楽しくないから。

その反対に営業所長が、

「絶対に支社パーティー盛り上がりますよ」

「次の飲み会に呼びたいくらいです」

「家族とのバーベキューにもいてほしいです」

と思うタイプは、能力が同じでもその人を採りたくなる。**一緒にいて楽しい「笑かすやつ」は、重要な条件なのです。**


なぜ、そこまでこだわるのか。それは、ライフプランナーという職業の特性を考えれば当然のことです。すでにお伝えしているとおり、一般的に売ることが難しい生命保険を扱い、お客さまにファンになってもらい、紹介をもらいつづけること自体も「笑かすやつ」のほうがうまくいく可能性が高いからです。

しかし、大切なのは、その生命保険をお預かりしてからの仕事です。そこからお客さまの人生を一生涯にわたってサポートしていく。そこには、結婚した、子どもが生まれた、家を買ったなどの人生の節目に立ち会ったり、もちろん病気や事故で入院した場合には、すぐに飛んで行ってお見舞いし、支払いの手続きを行う。そして、万が一のことがあれば遺族に対し保険金のお届けをする。

そんなお客さまの人生に入り込むライフプランナーという仕事につく人として、自分が一緒にいて楽しくない人を採用するわけにはいきません。お客さまのところに向かわせることはできないのです。

私は、お客さまがファンになってくれ、応援してくれる可能性の高い人を採用したかった。そのためにも「笑かすやつ」という能力は外せません。

「お客さまがファンになってくれ、応援してもらえる人になる」とは、「何度会っても、また会いたくなる、会うたびに元気をもらえる」——そんな人になることなのです。

第3章

ファンの心をつかむこだわり

妥協しないで「そこまでやるか！」

あなたは講演やスピーチを依頼されたとき、どのような準備をしますか？

私の場合は、「こういう趣旨で、キーワードはこう。エピソードはこれを入れこんで」などとメモや下書きをして準備しますが、これで万全ではありません。そこまでは素材集めであって、まだスタートラインにも立っていないのです。

今回のイベントの趣旨や参加者がどういう方かということに合わせて、全体のストーリーを考え、スピーチ原稿を書き始めます。スタートの「皆さん、こんにちは！」から書き起こしていきます。

そして、つかみ、要点、事例などを織り込みながら、スピーチ後半にクライマックスが来るように、自分の一番伝えたかったことをまとめ上げます。

普通の人とちょっと違うところがあるとすれば、何気なく「笑い」をとる（一見、アドリブでやっているように見える）ようなところも、すべて一字一句書き起こしてネタをつくっています。さらに、スピーチ後半では原稿を読んでいるだけでも、自分が熱くなれるように仕上げていきます。

原稿ができあがっても、そこで終わりではありません。書き上げた原稿を丸暗記するのは当たり前で、そのほぼ完璧に覚えた原稿を実際のスピーチの場でスムーズに話せるように何度もリハーサルをします。

私がスピーチするときは、必ずハンドマイクをもちます。ですから、事務所で練習するときも、片手にマイクがわりに大きめのホワイトボード用マーカーを握って、本番さながらにやります。会社のスタッフに司会役をしてもらい、

「続きまして、株式会社オールイズウェル代表の川村和義さんの講演です。それではかわPさん、どうぞ！」

と紹介されて登壇し、

「皆さん、こんにちは！」

という挨拶のところから、しっかり始めます。

このとき、原稿もメモもいっさい見ません。スピーチの時間を計っておいて、予定している講演時間にぴったり収まるようにリハーサルを繰り返します。それをスタッフに聞いてもらって、チェックしてもらい、

「う～ん、3分ちょっとオーバーか……」

「この部分は、もうちょっと別の言い方にしてみよう」

「ここのところはカットして、違う話を入れよう」

などと修正しながら、完成形のスピーチに仕上げていくのです。

それくらい何度もリハーサルをして体に原稿を染み込ませていきます。なぜなら、スピーチも商談と同じで「次に何を話そうか」などと考えているようでは、参加者に自分の言葉が響いているのか、共感してくれているのか、熱くなってくれているのか、醒めているのかがわからないからです。

本番で参加者に何かしらの感動をしてもらうためには、それくらい練習をやり込んで壇上に立つのが当たり前（礼儀）なのです。

さらにスピーチの場合は、「笑い」が大きなポイント。私は2〜3分に1回ぐらい入れるようにしています。なぜなら笑いにはつかみがあって、オチがある。ちゃんと話を聞いていないと、笑いは絶対に起こらない。それによって、参加者がしっかり話を聞いてくれているかチェックできるのです。ドカンと隅々まで笑いが広がったら「みんなちゃんと聞いてくれている」と安心して次の大事な話に進められるわけです。

私の場合、スピーチを考えている時間まで入れたら、何十時間では収まらないかもしれません。アイデアがまとまって、数時間かけて原稿を書き、本番を想定し、リハーサルを何度も繰り返し、時間どおりに話せるように調整します。

「そこまでやるんですか？」とよく言われますが、たいていの人は「こんなもんでいいか」「この程度でいいよね」という準備をしているのではないでしょうか。

でも**「こんなもんでいいか」**ではなく、**「そこまでやるのか」**と参加者の喜ぶ顔を想像しながら追求していくことは、「苦しいけど楽しい、しんどいけど面白い」ことなのです。

それはプロとして、当然のことであり、喜びでもあります。

つらい壁がジャンプ台に変わる

あなたは「壁」にぶち当たったことがありますか？　今現在「壁」にぶち当たっていますか？　私は20代前半から現在に至るまで、何度も目の前に「壁」が立ちふさがり身動きがとれなくなったことがあります。

その壁が現れたとき、どうやって乗り越えていくか。そこが問題です。壁の高さも厚みもあって、簡単には乗り越えられない。壁が嫌だからといって横を向くと、そこに別の壁が現れる。逆のほうを向くと、そこにも新たな壁が待っている。気がついたらまわりが壁だらけになっているのです。

ところで、**なぜ壁が現れるのだと思いますか？　それは、**

「今のあなたではもう限界が来ているから、あなた自身が変わりなさい」ということなのです。壁にぶち当たるということは、今のあなたの実力では乗り越えられないということ。もっと勉強して知識を身につけるのか、トレーニングしてスキルアップするのか、たくさんの人に会って話を聞いて、経験を積むのか。

「なんとかして変わる努力をしなさい！」

と教えてくれているのです。そこで、勉強し、スキルを身につけ、いい経験値を積むことで、次のステージに上がれるのです。

するといつか、また新たな壁が出てきて、同じように何度も乗り越えていく。それを繰り返していくうちに、人として、営業マンとして成長していくことができる。

そうなってくると、壁の出現を「歓迎」できるようになる。「チャンス」と思えるようになる。そしてついには、「壁がジャンプ台」に変わっていく。

プロの世界では、現状維持は衰退と同じこと。壁にぶち当たって立ち止まった瞬間、落ちていくだけ。であるならば、むしろ壁を歓迎してチャンスと捉え、ジャンプ台にして高く飛んでいきましょう。

私も、そんな考え方と行動ができる人でありたいと思っています。そして、そういうプロを育てていきたいと思っています。

でも、壁にぶち当たったらチャンスだなんて、変わった発想だと思いませんか？　つまりは「変人」です。そうなんです。私はときに「常識人」ではなく「変人になりたい」ということがあります。

「変態ではなくて変人ですよ」

真剣にそう言うと、不審な顔をする人がいます。

では、いったいどんな「変人」になりたいのか。それは、

「先入観を捨て、ほかの人とは違う視点で新しいチャレンジをし、理想に向かって常識とされている枠組みを変えていける人」

そんな「変人」をめざしたいのです。

この世の中には4種類の人間しかいないと言われています。

①チャレンジしつづけている人

②チャレンジしている人をサポートしている人
③チャレンジしている人を眺めている人
④何もせずただの評論家になっている人

あなたはどの人になりたいですか？

私は、「変人」としてチャレンジしつづけている人でありたいし、今でも私をサポートしてくれている人のおかげで、ファンの心をつかむいろんなチャレンジができています。チャレンジしている人をただ眺めていたり、何もせずただ評論家になっている人で、ファンの心をつかめる人は一人もいません。

今後も「チャレンジしつづけている人」や「チャレンジしている人をサポートしている人」と一緒に働いていきたい。また、そういう人があふれる世の中であってほしいし、ぜひ、あなたにも「壁」を乗り越えてチャレンジしてほしいと願っています。

訪問は時報に合わせてチャイムを鳴らす

私が生命保険会社に転職して2年目のことです。
がんばった甲斐があって、なんとか継続してトップセールスの仲間入りをしていました。月に12件の契約でメダルがもらえるという会社の制度がある中で、私は月平均20件の契約をお預かりしていました。

ところが、ちょうど入社して丸1年がたったころ、休みなく働いていたムリがたたったのか、2週間近くも体調不良が続きました。

扁桃腺が腫れて40度近い熱が出て、病院に行って点滴を打ってもらい、家にちょっと帰って横になる。熱が少し下がったかなと思って、お客さまのところに行く。またすぐに家に帰って横になる。そんな日々が続いたのです。

すでにその月は6件の契約をお預かりしていましたが、メダルを獲得するにはあと6件必要です。でも次の週も、そのまた次の週も、1件のアポイントすら入っていない。熱があってフラフラの状態で新規のアプローチをしても、まったく響かずプレゼンにつながらないのです。

しかたなく紹介リストをひっくり返し、あちこちに朝昼晩と電話をかけまくりましたが、それでもアポが入らない。いよいよラスト1週に迫ったとき、ある不動産会社の営業部長が電話をくださいました。

部長「川村さん、行くとこないんでしょ?」
私「いや、そんなことないですよ」
部長「いや、だから行くとこないでしょ?」
私「いや……」
部長「そんなのわかるよ。朝から何度も何度も、うちの○○課長のところに電話をしてくるんだから」
私「すみません! バレましたか」

部長「私が前に住んでいたマンションの隣の人で、モデルやってるんだけど、すごくいい人だから、会ってみたら?」

と紹介してくれたのです。そのときほど、「お客さまは神様」だと実感したことはありません(自宅からパジャマでテレアポする姿を営業の神様は見逃さなかった)。

その方は有名な男性ファッション雑誌の表紙モデルをしていた人で、奥さんもお子さんもモデルというご家族。せっかくご紹介いただいたのだから、まずファーストアプローチをきっちり決めたい。

お宅は横浜だったので、車が混んで遅れてはいけないと、近くの駐車場を1時間前に確保。さらに、お宅の玄関近くに10分前に到着して、時計の秒針を見ながら約束の時間ぴったりにチャイムを鳴らしました。

奥さんが笑顔で迎えてくれました。アプローチも好感触です。生命保険の話にも興味をもっていただき、次のプレゼンのアポイントを決めるときに、

「こんなに面白い話だったら、ぜひ次回も早く聞きたいです」

とおっしゃっていただき、3日後の朝11時にアポイントとなりました。

そして、当日も前回と同じルーティン。1時間前に着いて車をおき、10分前に行って、時計がぴったり11時になった瞬間にピンポンを押しました。

前回と同じように奥さんがドアを開けてくれました。

「いらっしゃい。あなた鳩時計みたいな人ね」


約束の時間を「鳩時計」のように正確に守る。それが好印象につながったようで、この日も商談は順調に進みました。なんと、ご主人と奥さん、それにお子さんたちの保険も含めて計6件の契約をお預かりできたのです。


おかげで、この月もなんとかメダルを獲得できました。

訪問はアポの時刻に遅れるのはもちろんダメですが、早く行きすぎるのも迷惑をかけることがあります。だからこそ、ぴったりがベスト。入社以来こだわってきた「時間ぴったり」が生きた瞬間でした。

もちろん、奥さんから「鳩時計みたいな人ね」という言葉をもらったことは、メダルをもらったことよりも嬉しいことでした。

仕事をとるのか、お預かりするのか

・営業マン同士の会話で、
営業マンA「最近契約がとれんなー」
営業マンB「私も全然とれんわー」

・上司と部下の会話で、
上司　　「今日は契約とれた？」
営業マン　「今日もとれませんでした」

・社内のミーティングで、
リーダー　「今日は月末だから、何があっても1件とってこいよ」
メンバー　「はい、とってきます」

どうでしょう、こういう会話を聞いて、何か違和感を感じませんか？　それとも「うちの会社では普通のやりとりですよ」と思われたでしょうか？

少しでも違和感を感じたなら、ちょっと安心しますが、違和感をまったく感じず、ごく普通のことと思った人には、ぜひこの項を真剣に読んでいただきたいのです。

営業会社では、「1件とってくる」という言葉が普通に使われています。おそらくほとんどの業界で日常的に使われているでしょう。私もリクルートで広告を売っていたころは、なんの抵抗感もなく使っていた言葉です。

その言葉に「違和感」を感じたのは、私がプルデンシャル生命に転職してからのことです。

じつは、生命保険を販売することを「募集」といいます。生命保険会社の営業マンは、正確には「生命保険募集人」、つまり募集する人ということ。では、いったい何を募集するのか？

生命保険とは、相互扶助の精神でお金の問題を解決する助け合いの仕組みです。誰かが亡くなったり病気になったりしたら、生命保険会社が保険金を支払うのではなく、契約者の皆さんから集めた保険料でその人を守るという仕組みなのです。

私たち生命保険営業マンは、「こうした助け合いの仕組みのグループに入りませんか?」という募集をしているのです。

その仕組みの中で、もし自分に万が一のことが起こったときには、ほかの契約者から助けてもらい、まわりの人に万が一のことがあった場合には、自分の保険料でその人を助けてあげる(知らぬ間にボランティアにもなっている)こともできる。

そして、退会してやめるときには、加入している生命保険の種類にもよりますが、支払った保険料の大半が自分に戻ってくる。

つまり、生命保険会社は、契約者の皆さんからお金をお預かりして、安全に運用管理し、万が一の支払いを迅速に対応することを任された金融機関なのです。

このような生命保険という商品の本質からすると、「契約をとる」というイメージとは明らかに違います。そもそも「とる」という漢字には、獲物を獲る、虫を捕る、人の物を盗るなど、いろいろあります。でもお客さまから契約をお預かりするのに、「とる」では、違和感がありませんか？

プルデンシャル生命では「とる」ではなく、「1件お任せいただく」「1件お預かりする」という言葉を使っています。ここには、創業者である坂口さんの想いが込められています。私も自分が所長や支社長になったときに、それを踏襲しました。むろん、独立して営業コンサルタントになってからも同じです。

「とる」を「お預かりする」に変えた瞬間、企業文化、企業のレベルが1段、2段と上がります。「お預かりする」という言葉には、何よりもお客さまを大切にするという気持ちが込められているからです。

あなたがお客さまだとしたら、1件とられたいですか？

誰と会っても媚びず威張らず変わらず

先日、こんな営業マンに出会いました。私の事務所に何かの売り込みでやってきて、なぜか話の間中ずっと腕組みをしているのです。彼とは初対面です。途中で気づくかなと思いましたが、最後まで腕組みをしていました。そこで帰り際に、聞いてみました。

「今日は最初から最後まで、ずっと腕組んでたよね？」

「え、そうでしたか？」

「なんで？」

「すみません、失礼しました」

心理学的にいえば、腕組みをして話すタイプは、自分を大きく見せたいとか、内面を知られたくない、脇が甘い人間ではなく隙がない人間であることを態度で表現していて、自信のなさの裏返しでもあります。

これは意識せずにしてしまった例ですが、世の中には、相手によって態度を変える人がいます。媚びてみたり、威張ってみたり、お世辞を言ってみたり。セールストークまでコロコロ変える人もいます。

仮に相手によってセールストークを変えるとすると、そのぶんだけ話の組み立てが複雑になります。社長・役員用、医者・弁護士・税理士用、公務員用、一流企業の社員用、独身女性用などなど。そんなに多くのパターンを覚えて、間違えもせずにこなせるはずがありません。

だとしたら、**「ワンパターンでいいから、誰よりも上手にやる」**ほうがずっといい。いろんなシチュエーションで、媚びたり、威張ったり、相手によって自分を変えるのではなく、自分の個性をしっかり出していく。その自分を磨き上げていくことのほうが大事なのです。

自分をことさら大きく見せたり、隙がない人間だと見せたりする必要もない。ましてや賢そうに見せたり、プロっぽく見せたりなんて、まったく意味がありません。自然体でお客さまと向き合うことで、個性が滲み出てくるのです。それが営業というもの。ＡＩロボットにパターンを覚えさせて、同じことをやれというのとは違うのです。

人間がやることだから、それぞれの生まれも育ちも違うし、血液型もＤＮＡも違う。性格だって、経歴だって、働いている環境だって違う。

たとえ同じセールストークの台本を使ったとしても、絶対に同じ営業マンにはならない。最初は似ていても、そのうちにそれぞれの「個性」や「味」が出てきます。

私が一緒に働いてきたメンバーたちも、みんな同じ台本でスタートしましたが、まったく違う個性の営業マンに仕上がっていきます。やりこんでいくと、いつの間にか自分のものになっていくのです。

自分はなぜか誰かのモノマネで終わっていると感じているなら、それは気持ちの入れ込み方が足りないだけ。個性が滲み出るまでやるしかないのです。

基本は、「媚びない、威張らない、変わらない」——ファンの心をつかめる人は、いつも自然体なのです。

データでなく情報を語る

生命保険の設計書や約款は、一般の人からすると難解な「データ」の塊です。それをいかにわかりやすく「情報」に変えるか。そこがお客さまのハートをつかむための大切なポイントになります。

そもそも「データ」とは、基本的な事実や数値で、客観的で人に左右されないもの。一方「情報」とは、ものごとの内容や事情のことで、主観的で人に左右されるものです。では、具体的に「データ」と「情報」の違いとは何か。わかりやすい例で紹介しましょう。

私がマネージャー時代に勤めていたのは、ゲートシティ大崎という場所でした。その近くに、私がよくランチに通っていた居酒屋「大松」があります。これをデータとして書くと「大崎駅から徒歩3分に大松という居酒屋がある」となります。

これをAさんが言うと、

「大松のランチは安くてうまいよ」

Bさんが言うと、

「大松のランチはまずいが、夜の定食はうまい」

Cさんが言うと、

「大松はランチもまずいが、夜もまずい」

という情報に変わります。

皆さん、ここまでの情報を聞いて、いつ大松に食べに行くでしょう。ほとんどの人が混乱して、行こうか行くまいか、いつ行ったらいいのか、迷うはずです。

そんな中で、私がこう言います。

「大松のランチの肉豆腐定食は、ボリューム満点で最高。霜降りの肉が大盛りで、しかも上に温玉がのっている。箸でつついたら、とろーりと黄身が流れ出して、そのうえ横にメンコロがついてる。メンコロってメンチカツコロッケのこと。これ箸で割ったら、肉汁が出てきて、これまた最高。しかもそれで750円。ほんと、最後の晩餐にしたいくらいですよ」

どうでしょう、あなたも「肉豆腐定食で決まり！」という感じになったのでは？

では、同じデータを別の角度から見ると、どうなるか。

午後1時からゲートシティ大崎でミーティングがあって、あなたが大崎駅に着いたのが12時ジャスト。時間があまりないけれど、ランチにしようと思う。ところが大崎ははじめての場所なので、とりあえず駅員さんに聞いてみる。

「この辺でおいしいランチのお店はないですか？」

「ありますよ。徒歩1分のところに来々軒という中華屋さんがあって、ここのラーメンも餃子もおいしいです。あと、徒歩3分のところに大松という居酒屋さんがあって、そこのランチもおいしいですよ」

こう言われたら、どっちを選ぶか。おそらく、

「時間もないし、徒歩1分でラーメンも餃子も旨いんだったら来々軒にしよう」

と思うのではないでしょうか。

つまり、**データは比較されて勝ったり負けたりするものです**。時間がない状況では、徒歩3分は徒歩1分に勝てません。

では、もし私がその駅員さんならどう答えるか。

当然、先ほどと同じように、

「歩いて1分のところに来々軒というラーメン屋さんがあって、そこのラーメンも餃子もおいしいですよ。でも、せっかく大崎に来たのなら、3分かかるけど大松という居酒屋に行ってみたらどうでしょう。ここの肉豆腐定食は最高で、霜降り肉でボリュームもあって、温玉がのってるんです。メンチカツコロッケもついていて、ぐっと割ったら肉汁がすごい。これで750円。とにかく最高。絶対、後悔させませんから」

そう熱く語りながら勧めます。

おそらくあなたは大松へと急ぐことになるでしょう。

このとき、私がしたこととは何か。じつは、大松のランチは普通においしいランチです。でも**言い方を少し変えて情報を加えることによって、差別化をした。圧倒的にほかと違うイメージをもたせた**ということです。

「大崎駅から徒歩3分の大松という居酒屋」というデータだけでは差別化ができない。でも、**情報なら差別化ができ、データに勝てます。だからこそデータではなく、情報を売ら**

なければならないのです。

「うちの会社は、商品力がなさすぎる」と嘆いている営業マンを見かけることがありますが、それはきっと数字やデータで他社より劣っているだけ。それを**情報に変えて、「あなたから買う理由」に変えていくこと。それが営業マンの仕事なのです。**

ちなみに、プルデンシャル時代にブラジルで1カ月間トレーニングしたときに、同じこの話をしました。もちろん、通訳を介して。そうしたら、ブラジルのメンバー全員が「日本に行ったら絶対に大松に食べにいく！」と、すっかり大松ファンになってくれました。「情報」は、国境さえも越えてしまうのです。

初対面では15分と約束して雑談はしない

書店を覗くと「雑談の極意」のような本がたくさん並んでいます。雑談の目的としては、その場の雰囲気を和ませて発言しやすい空気を生み出したり、お互いを知ることでコミュニケーションの質を高めたりすることといわれています。

「雑談がうまくなれば人生は変わる」「雑談で人づきあいが楽しくなる」「雑談ができれば初対面でも信頼関係が築ける」など、キャッチフレーズも色とりどり。

でも、私自身は雑談があまり好きではありません。たまに私も経営者という立場で、新規の営業を受けることがあります。営業マンがやってきて、

「はじめまして、今日はいい天気ですね？」

「すてきなオフィスですね？」

「いいネクタイされてますね？」

とか言われると、内心かなりめんどくさい気がします。

「この辺だったらランチのおいしいとこ、いっぱいありそうですね」

「このへんは場所がら、すごくアカ抜けた人が多いですすね」

「きれいな女性も多いですね」

などと雑談が続くとイライラしてきて、

「ところであなた、今日何しに来たの？」

と言いたくなってしまう。その状態で「今日の本題は」と切り出されても、もう商談のテーブルにつく気持ちは離れてしまっています。


私の流儀は、シンプルです。**挨拶してから、紹介された経緯だけ簡単に話して、**

「約束は15分ですので、さっそくいきますね」と始める。そのほうがお客さまにも、

「あ、すぐ本題に入ってくれるんだ」

「ちょうど時間もなかったし助かった」

「時間にもちゃんとしてるし、信頼できそう」

と思ってもらえる。

もし雑談がどうしても必要なら、約束の15分が終わったあとですればいい。もちろん、お客さまが望むなら。そこが、信頼関係の第一歩ではないかということです。


では、なぜ15分なのか？　そんな質問をすると、飽きない程度とか、短すぎず、長すぎない時間と答える人が多いのですが、じつは「アポイントがとりやすいベストな時間」なのです。

3分でもなく5分でもなく、30分でも1時間でもなくて、15分。**15分あれば、必要最低限のことが話せる。これは販売心理学上も理にかなっていて、15分が一番アポイントがとりやすい**といわれています。

お客さまに電話をして、

「○○大学の先輩のAさんのご紹介で、連絡しました。Aさんがご紹介してくださった理由を15分で話しますから」

「いやぁ、忙しいんだよ」となったときでも、

「そうですよね。でもご紹介いただいたAさんもお忙しい方ですが、昼休みに15分とっていただいただけで、とても喜んでくださった話なんです。Aさんと同じようにお昼休みに15分いただくのと、仕事が終わってから15分いただくのと、どちらがよろしいでしょうか？」

「だったら、Aさんと同じ昼休みでいいよ」

ということになります。となれば、雑談をしている暇はありません。

「では、さっそく15分でいきますね」

と始めて、きちんと15分で終わると、

「本当に15分ぴったりですね」

と感激してくださることも。さらに、先方から「もう少し聞きたい」と言われても、

「でも今日はお約束の15分しかいただいていませんので、その辺はこの次にしっかりお答えします」

と次回の商談に楽しみを残します。連ドラの「To be continued」と同じで、チラリズムも大事です。お昼休みでも、仕事終わりでも、雑談は必要なし。そのほうが商談がスピーディーに進んで成約率も高まります。15分は「魔法の時間」なのです。

テレアポのスキルこそ磨きたい

人とのコミュニケーションにおいて「メラビアンの法則」というのがあります。これは人の行動が他人にどのように影響を及ぼすかを判断する実験から得られた法則のこと。

わかりやすくいえば、身振り手振り、声のトーンの上げ下げ、話すスピード、声の大きさ、話の内容など、それぞれの違いで何%ぐらい印象に残るのかということを調べたものです。

それによると、見た目などが55%の割合で、口調や話の早さなどが38%、話の内容などが7%、という意外な実験結果でした。ほとんどの人は「話の内容」よりも「見た目」や「話し方」のほうを重要視しているということです。

営業の場合、アプローチしたりプレゼンしたりするトークが基本ですが、この法則によれば、人は人の話をあまり聞いていないことになります。

だとすれば、話の内容はあまり気にしなくていいし、一字一句間違えないように話す必要もない。理屈っぽい話をする必要なんてまったくない。

それよりも**第一印象とか笑顔、身振り手振り、声の抑揚、話をするスピード、それらをしっかりチェックしておくこと**。そのほうが、相手の印象に強く残るのです。

生命保険のセールスプロセスの入り口に「テレアポ」という仕事があります。電話でのやりとりなので、当然ですがこちらの姿も相手の姿も見えない。となると「メラビアンの法則」における見た目の55％は、ゼロになってしまいます。

そうなると残されているのは、声のトーン、話すスピード、話の内容だけになります。

それだけで勝負しなければなりません。

「はじめまして！　プルデンシャル生命の○○と申します！　大学の先輩のAさんの紹介で電話を差しあげました！」

と、目いっぱい気持ちよくいくしかありません。

「いや、もう保険いっぱい入ってるから」

と断られることもあります。

「皆さんそうおっしゃいます。Ａさんもそうおっしゃってました。でも、そんなＡさんが、なんでわざわざ紹介くださったのか、その理由をほんの15分で話しますから」

ここでも、15分という「魔法の時間」の出番です。

重要なのは、あくまでも「トークの勢い」であって、「話の内容」ではありません。そして何よりも大切なことは、**「Sell the appointment, not the Lifeinsurance」（保険を売るな、アポを売れ）ということ。**電話で生命保険は売れません。であるならば、テレアポでは**初回訪問の約束をいただくことだけに集中する。**それがすべてなのです。

くどくどと生命保険のメリットなど説明しません。なぜなら、電話の向こう側に「話の内容」を聞いている人など誰もいないのですから。

営業マンの中には、テレアポのスキルを軽んじている方が多いように思います。プレゼンやクロージングスキルを磨くことも大切ですが、まずはテレアポのスキルを磨き、直接会ってファーストアプローチを聞いていただくことで、すべてが始まるのです。

ここで、お客さまからの強烈な反対にひるんでいるようでは、ファンの心をつかむどころか、ファンになってくれる可能性のある人に会うことすらままならないのです。

先ほどの「メラビアンの法則」で話したとおり、テレアポには見た目のイケてる感じや、営業マンとしてのオーラはお客さまにはまったく見えていません。だからこそ、ほんの少しスキルを磨くだけで、新規のアポイントのとれる確率が飛躍的に上がるのです。

キャリアの浅い営業マンにとってテレアポこそが、トップ営業マンと同じ土俵で戦える唯一の場なのです。

他人ではなく自分が自分を評価する

私の大学での卒論のテーマは「マズローの欲求5段階説」でした。アブラハム・マズローはアメリカの心理学者で、人間心理学の生みの親といわれる人です。

彼が説いた「欲求5段階説」とは、そのタイトルどおり人間の欲求を5段階に理論化したもの。その段階をピラミッドの形にして、下から1、2、3……となります。

第1段階は「生理的欲求」。

生きていくために必要な基本的・本能的な欲求です。例えば「食欲」「睡眠欲」「排泄欲」などのことで、これらが満たされないと生命の維持そのものができなくなってしまいます。

第2段階は「安全欲求」。

安心・安全な暮らしへの欲求のこと。安心して暮らしたいから、いい家、いいマンションに住みたい。中古車よりも新車のベンツやBMWに乗ってみたい。いい服も着てみたいし、ブランド物のバッグや財布など、人がもっているくらいのものはすべて手に入れたい。お金を稼いで貯金をたっぷりしたいというのも安全欲求です。

第3段階は「社会的欲求」。

友人や家庭、社会から受け入れられたい欲求――友情や愛情のことです。仲間と一緒に何かひとつのことを成し遂げたいと願うことです。人は一人ぼっちでは寂しいのです。

第4段階は「承認欲求」。

他者から認められたい、尊敬されたい、一目置かれたいという欲求。名声や地位を求める「出世欲」もそのひとつ。営業マンとして「一番をとりたい」という欲求もこの承認欲求に入ります。

第5段階は「自己実現欲求」。

自己実現というと、普通「自分の夢や目標をかなえること」と答える人が多いのですが、それだと50点。「自分のもてる潜在能力をすべて使い切って、自分のやりたいことを成し遂げ続けていきたい」――そんな欲求です。自分の可能性の探求、自己啓発行動、創造性を発揮して「あるべき理想の自分」になりたいと願う欲求です。

では、その「自己実現」という最高の欲求に、人は簡単にたどり着けるのでしょうか。私は30年以上この営業の世界に生きてきて、そのレベルに達している人をほとんど見たことがありません。プロスポーツの世界ですら、「自己実現」の領域に足を踏み入れている人は、ほんのひと握りなのです。


元プロ野球選手のイチロー選手は、日本で首位打者のタイトルを何度も獲得し、メジャーに行きました。そしてＭＬＢシーズン最多安打の２６２本というメジャー記録もつくりました。でも、メジャー記録を達成するのが彼の「自己実現」だったとしたら、とっくに日本に帰ってきて隠居していたのではないでしょうか。

彼は年間安打記録をつくったあとも、10年連続して２００本以上の安打を達成しました。彼の「自己実現」が10年連続２００本安打を記録することだったとしたら、やはりもう日本でのんびりとした生活をしていたのではないでしょうか。

しかし、その後も彼はメジャー球団を転々とし、現役でなくなった今も、コーチとして自分にしかわからない世界に挑戦しているように見えます。自分が進化し、成長するプロセスを楽しんでいるように見えます。そこには、人に認められたいという願望など感じられません。**他人からの評価ではなく、「理想の自分に、自分自身に認められたい」**――それだけなのです。

でも、ほとんどの人は、第1、第2段階あたりに留まっていたり、第3、第4段階で満足したり、気づいたらまた「安全欲求」まで戻っていたり、行ったり来たりしている。

リーダーとして組織を束ねていたころに、毎日のように言っていた言葉があります。

「自分自身のもって生まれた能力を使い切ってる？」

「自分で自分を褒めてあげられる仕事をやってる？」

自分の能力を使い切っているかどうかは、本人以外にはわかりません。他人からの評価は、表面的な結果だけでとらえて（自分が精一杯の努力を怠っていたとしても）、「すごいね」となることも多い。他人に褒められるよりも、自分自身に褒められることのほうが明らかにハードルが高いのです。

他人に認められ褒められることを喜ぶのではなく、理想の自分に褒められたい。プロとしてファンを魅了しつづける人の共通点は、そこにあるのです。

第4章

3つの法則でファンをつくる

プロの考え方と行動を身につける

お客さまにファンになってもらえる条件は、次の3つです。

①プロの考え方と行動を身につける
②スキル・知識・経験
③人間的な魅力

この3つの条件が揃っている営業マンのことを、お客さまは放っておきません。売れることはもとより、確実に人気が出てファンが増えていきます。売れていない人やファンを獲得できない人は、3つのうちのどれかが足りないということです。

では3つの条件を順に見ていきましょう。

なぜ今の仕事を選んだのか？

お客さまにファンになってもらえる条件の1つめは、「プロの考え方と行動を身につける」です。

・なぜ、あなたはこの職業に就いたのか。
・なぜ、生命保険のプロになろうと思ったのか。

まず、この問いに明確に答えられることです。それを腹にしっかり落とし、自分の言葉で語れるかどうか。**自分が今そこに立っている理由（目的）が最も大事なのです。**

そして、この仕事を通じて、

・どんな営業マンになりたいのか。
・どんな人間になりたいのか。
・どんな人生にしたいのか。
・お客さまにどう役立ち、社会にどう貢献していきたいのか。

ということを体にしみ込ませ、きちんと語り、そこからぶれない仕事をしている人。そういう人と出会うと、本当にすばらしいと感じるし、誰からも一目置かれるはずです。**言っていることとやっていることが一致していて、スジが通った人。それこそがプロなのです。**

私は新人を採用するときに、決めていることがありました。今の仕事をがんばっていて、今の会社も仕事も仲間も大好きで満足している。でも「それを捨ててでもプルデンシャルに来たい！」という人だけを採用ターゲットにしていたのです。

その反対に、今の会社も仕事も面白くない。おまけに給料も満足していないし、上司や仲間とも馬が合わない。そんな人は絶対に採用しません。面接すらしません。

今の会社が好きでなければ、捨ててくるものがない。捨ててくるものが大きければ大きいほど、新しい仕事をがんばる理由になるということです。

採用した人には、研修の初日に「Stairway to Success」というノートをつくってもらいます。それは「成功への階段をのぼりつめるぞ！」という自分自身への覚悟を書き記す

ノートです。1ページ目に書いてもらうのは、
・なぜ自分は、この会社に来たのか。なぜ転職したのか。なぜライフプランナーという職業を選んだのか。
・この仕事を通じて、どんな人間になり、どんな人生にしていきたいのか。自分自身どんな生活や夢を手に入れたいのか、そして家族に対して、どんな夢をかなえてあげたいのか。

誰に見せるわけでもない。私も見ないし、マネージャーも見ない。奥さんに見せる必要もない。思っていることすべてを、自分のために、自分の言葉で、自分らしく書いてもらいます。

ただ、成功への階段は、決してたやすくのぼれるものではありません。だから、私は初日にこう語りかけます。

「ここから先、死ぬほどの苦労をするだろう。でも成功への階段を確実にのぼっていってほしい。その階段にはかならず踊り場があって、ゆっくり休憩もできる。踊り場のない階段なんて存在しないのだから。

でも、最初の2年間だけは休みがない。踊り場のないまっすぐな階段を、ひたすらのぼりつづけられた人にしか、次のステップはない」

最初の一言にしてはきつすぎるメッセージですが、プロとして一人前になるにはそれくらいの覚悟があって当然です。世の中には、オギャーと生まれた瞬間から泳げる人はいません。自転車だって、買ってもらった瞬間から乗れるわけではありません。教えてくれる人がいて、多少のケガをして、そうこうしているうちに、できるようになっていくのです。

仕事でプロになるのは、その比ではありません。そんな簡単になれると思ってもらっては困ります。並たいていの努力ではたどり着けないことを覚悟してもらいたいし、とくに最初の2年間が大切だということを伝えたいのです。

数年後、階段の途中で、「ちょっと疲れたな。次の踊り場でひと休みしよう」というときに、このノートが生きてきます。自分の仕事の原点になるのです。

プロへの階段には、さまざまな難所が待ち受けています。生命保険の営業がスタートして、最初からスムーズにいくわけではありません。やってもやっても努力が実らず、気持ちが落ちこんでしまうこともしばしば。

「ところで自分は、この会社へいったい何をしに来たんだっけ。こんなに毎日しんどいし、つらいことばかりだし」

「いったい私は何をしているのかしら。見込み客はさっぱり見つからないし、テレアポしたら断られてばっかり。ベースマーケットに行ったら、嫌われるし」

と思わずため息がもれてしまう。そんなときこそノートに戻ってみる。

・なぜ、この職業に就いたのか。

・なぜ、生命保険のプロになろうと思ったのか。

その思いがズレると、方向を見失って迷走してしまいます。だから、成功への階段は、そこが原点なのです。

モノを売るよりお客さまに寄り添う

「スポーツマンシップにのっとり、正々堂々と戦うことを誓います！」

選手宣誓の定番と言える文言ですが、あるスポーツコンサルタントによると、「スポーツマンシップとは、グッドゲームをつくる心構え」なのです。そのグッドゲームをつくるための条件は次の3つです。

・相手、仲間をはじめとするプレーヤー、審判を「尊重」する心。
・自ら責任をもって決断して実践する「勇気」。
・勝利をめざし、全力を尽くして楽しむ「覚悟」。

しかし、プロスポーツの世界で考えると、スポーツマンシップだけでは不十分です。やはり「プロ魂」が必要。そこには、もっとお金を稼ぎたい、有名になりたい、勝ちたい、トップでありたい、という生々しいものが存在します。

その「スポーツマンシップ」と「プロ魂」の両方をもっているからこそ、プロと言えるのではないでしょうか。

われわれが生きている営業の世界もまったく同じ。プルデンシャルでも「ライフプランナーシップ」と「セールスマンシップ」という2つの精神を、しっかり備えている人だけが、トップセールスにのぼりつめることができます。

セールスマンシップとは、いわば「営業マン魂」のこと。売りたい、稼ぎたい、勝ちたい、ナンバー1になりたいなどです。ただ、これだけでは必ず限界がきます。「そこそこいけてるな」「ぼちぼちイケてるな」という〝満足の壁〟が必ず現れるのです。

そこで大切なのがライフプランナーシップというもう1つの柱。この職業に対する「使命感」「倫理観」「プライド」「責任感」とともに「愛情」「情熱」が求められます。

自分の中に確たる信念をもちつづけている人が、満足の壁を取り払って、「もっとお客さんに喜ばれたい」「もっとたくさんのお客さんを守りたい」「もっと社会に役立ち貢献したい」という気持ちをたぎらせ、結局は、ただ稼ごうとがんばっている人の何倍もの収入を得ることになります。

「ライフプランナーシップ」は、「セールスマンシップ」に勝るのです。

2001年9月11日にアメリカで起きた同時多発テロ事件。倒壊したビルの中に、たくさんの警察官、消防士、レスキュー隊が飛び込んでいきました。消防士343名が殉職し、いまだに肺に障害を負っている人だけで1000人以上もいます。

彼らの中に、救助に行ったらお金や勲章がもらえるという気持ちで飛び込んでいった人はいるはずがありません。彼らは、こういう日のために役立ちたいと日々鍛錬し、救命救助訓練を重ね、技術と精神を磨いてきたのです。

「1人でも多くの仲間を、友人を、家族を助けたい！」——そんな思いでビルに飛び込んでいったに違いありません。彼らは輝いていました。あらゆる職業に共通することですが、使命感をもって仕事をしている人は輝いています。職業とか性別とか、国籍とか文化とか、すべてを抜きにして尊敬される存在です。

私がプルデンシャルに入社したとき、ライフプランナーの使命とは、

・1人でも多くのお客さまに、経済的な安定と心の平和をお届けすること。

・日本の生命保険事業の在り方に変革をもたらし、お客さまから最も信頼される保険会社となること。それをライフプランナーが変えていくこと。

と教えられました。

仕事に対する自分なりの「使命感」「倫理観」「プライド」「責任感」「愛情」「情熱」をもって、社会への貢献に力をそそぐ。それが「プロとしての大切なものの考え方・スタン

ス」の土台になっていくのです。

役に立ちたいなら売りなさい！

たくさんの営業マンが困っていることや悩みの中でも、「クロージングが苦手」という人がとても多いように感じます。私もお客さまに決断を迫り、契約に導くときには慎重になります。それはクロージングで決断を迫ることで、

・せっかくここまでよい商談の雰囲気で来たのに、台無しになるのではないか。
・せっかくよい人間関係をつくってきたのに、嫌われるのではないか。
・せっかく紹介マーケットが広がったのに、紹介者の顔に泥を塗るのではないか。

という思いが出てきて躊躇してしまうからです。

「かといって、一件お預かりはしたい。ここでクロージングできないと、すべて水の泡になってしまうかもしれない」

そう思うと、焦って決断を迫り、勇み足になって地雷を踏んだりしてしまうのです。

私がたくさんの人にアドバイスをした経験上、クロージングのうまさやスキルに多少の差はあるのですが、最も差がでるのがスタンスの違い。**クロージングの場でこそ「プロとしてのものの考え方・スタンス」の差が顕著に現れるのです。**

そのスタンスが弱い人はクロージングのときに、

・後ろめたさや、悪いことをしているような感じがする。
・相手の気持ちを考えずに押し売りしているような気がする。
・自分の利益のためだけにがんばっている気がする。

という思いがよぎったり、

・自分はスマートなキャラなので最後までかっこよくいきたい。
・よい人でいたい、嫌われたくない。

と言ってクロージングから逃げる人さえいます。

こういう人は、残念ながらこのビジネスの本質を理解できていない人です。

ちょっと考えてほしいのですが、いい話だけをしてクロージングもしないで帰ってしまう営業マンが、世の中の役に立てますか？　それが本当にいい人なのですか？　それがスマートでかっこいいのですか？

逆ではないでしょうか。われわれは生命保険を販売するプロの営業マンなのです。生命保険に加入していただき、その後安心して暮らしていただいている中で、もし万が一のことがあったら、飛んで行って手続きをして、入院給付金や死亡保険金のお支払いをする。何もなく元気で長生きしたら、老後の夢をかなえるお金をお届けするのです。それ以外に、特段お客さまの役に立てることはありません。黒子のような存在なのです。

だからこそ、お客さまがクロージングで反対や先延ばしをしてこられたときには、自分のもてる知識とスキルとコミュニケーション力をフル稼働させて、でもニコニコしながら、全力でお客さまの不安を取り除き、背中を押していくのです。これが悪いことですか？　むしろいいことでしょう。

クロージングのときに迷いが生じている人に、次のことを強く言いたいのです。

・役に立ちたいなら、クロージングしなさい。
・喜ばれたいなら、クロージングしなさい。
・感謝されたいなら、クロージングしなさい。
・やりがいを感じたいなら、クロージングしなさい。

・世の中の役に立ちたいなら、クロージングしなさい。
・自信をもちたいなら、クロージングしなさい。
・あなたが今の仕事にプライドと使命感があるなら、クロージングしなさい。

きっとお客さまは、あなたのそのスタンスの力強さに引き込まれ、サインしてくださるでしょう。プライドと使命感をもって、安心してクロージングに臨んでください。
そんなスタンスをもって、堂々とニコニコとクロージングするからほとんどのお客さまが気持ちよく申し込んでくださるのです。

われわれにできるサービスは、生命保険を売ってからしか始まりません。だからこそ、生命保険を売ることが最高のサービスとなるのです。

スキルを磨き知識・経験を豊かにする

スキルアップは危機感から生まれる

お客さまにファンになってもらえる条件の2つめは「スキルを磨き知識・経験を豊かにする」ことです。

スキルアップの考え方をメンバーに伝えるとき、「英会話の勉強をするのと同じだよ」という話をよくします。なぜ日本人は、英会話学校に行っても英語が話せるようにならないのか。その理由は2つあります。

①「インプット」ばかりして「アウトプット」をほとんどしていないから。

文法や構文を理解したり覚えるのに一生懸命で、せっかくネイティブの外国人講師が目の前にいるのに話さない。日本人は真面目なので、

「なるほど、そういう場面ではこんな言い回しをするんですね」

「そうか、このときは定冠詞をつけるんですね」

「この単語はこういうときには別の意味に変わるんですね」

そんなふうに必死にインプットします。それを次のレッスンのときにアウトプットすればいいのに、またインプットするほうにまわってしまう。これでは、どんなに英会話にお金と時間をつぎ込んでも、話せるようにはなりません。アウトプットしない限り、英会話は絶対に上達しないのです。

営業スキルも、まったく同じです。学んだことをすぐお客さまに試してみる。アポがなければ仲間に話したり、仲間とロールプレイを行います。

Learn to teachという言葉がありますが、「教えるために学べ」という意味です。何か新しいことを学んだら、自分のためだけに一生懸命ノートをとっているようでは、成長することは望めません。学んでいる最中に、

「この話はあのお客さまにしてあげたいな」
「このトークならあの社長にも響きそうだな」
「この考え方を、今度のミーティングでみんなに教えてあげたら喜んでくれるかも」

と使う場面をイメージして、誰かに話してみて自分のものにするのです。要するに、**アウトプットをイメージしながらインプットし、できるだけ早く、しかもたくさんアウトプットした人だけが、成長できるのです。**

②ネイティブ並みに話せるようになってから海外で活躍してみたいと思っているから。

そもそも留学経験もない日本人が、ネイティブのようになれる日がくるでしょうか。もちろん、ネイティブの先生からレッスンを受けていれば感覚も慣れ、発音もそこそこ近づくのかもしれません。でも1週間後のレッスンまで、ほとんどの人が一度もネイティブと話さないのですから、すっかり忘れてしまうのです。

ということは、本気で海外で活躍したいなら、まず海外へ行ってしまうことです。そこでコミュニケーションの壁にぶつかり、追い込まれて勉強せざるをえない環境に身を置くことで、徐々に話せるようになっていくのです。

営業も同じで、「スキルや知識を完璧なものにしてからお客さまの前に立たないと、プロとして恥ずかしい」と思っていたら、一生お客さまの前には立てません。

たしかに学ぶべき知識も、身につけるべきスキルも膨大にあります。でも最低限の知識とスキルを身につけたら、勇気をもってお客さまのところに向かうのです。そこで壁にぶつかると、未熟なスキルと浅い知識を痛感することになります。そこで逃げたりあきらめたりしていたら、二度とチャンスは来ません。

自分を変えてスキルを磨き、果敢にお客さまの前に立ちつづける人だけが、プロに近づくのです。そして、さらに上をめざすなら、ステージを上げることです。

サッカーの本田、香川、岡崎選手らは、Jリーグですばらしい結果を出してヨーロッパのリーグへと活躍の場を変えました。彼らは、レギュラーを確約されて活躍できる保証がある中で移籍したのではありません。

でも、レギュラーの座を約束されていない危機感と厳しい環境の中でがんばったからこそ、レベルは格段に上がりました。それは、日々の不安な状況を、成長する機会に変えていったからです。

「安心できる場所にずっといたい」「まあ、こんなもんでいいか」と思っている人に、成長する機会は訪れません。それは危機感の中でしか生まれてこないのです。

商品知識はお客さまを守るため

アメリカでは、ライフプランナーという職業は、医者、税理士、弁護士と並ぶくらい高い評価を受けている専門職だと言われてます。日本の生命保険業界の営業マンに対してもたれているイメージとは、かなりかけ離れているようです。

生命保険を販売するためには、業界共通の販売資格試験をパスしなければなりません。試験は一般課程試験から始まり、専門、変額、応用課程と続き、そのあとに生命保険大学課程の試験があります。

試験の内容は、資産設計の立案方法をはじめ、損害保険や少額短期保険など隣接業界の商品、個人向けや企業向けの保険商品も含まれていて、出題範囲は多岐にわたっています。この生保大学の試験は60点が合格ライン。一般、専門などは70点です。

私がプルデンシャル生命に転職してすぐのこと、一般課程試験当日、まさに支社を出ようとして、「試験に行ってきます！」と言った直後に、ある先輩から返ってきた言葉は、

「絶対に満点とってこいよ。満点じゃなきゃ二度とここに戻ってくるな！」

今なら完全にパワハラです。ただ、先輩の恫喝とも思える言葉には理由がありました。

私たちはプロとしてお客さまに営業しています。そのとき、95点の成績で合格したとして、

「95点ということは、お客さまから100個の質問を受けて5問も間違えるんだろ？　それでプロと言えるのか？」

ということです。その先輩の口癖には、もうひとつありました。

「試験で満点とれないやつは、俺と同じ名刺をもって出歩くな！」

これも新人からすると手厳しい一言でしたが、組織というのは何人もが高いモラルを維持してがんばっていても、たった一人のいい加減な言動によって、あっという間に評判は落ちるものです。

この言葉を支社長でもマネージャーでもなく、同じ生命保険を販売する一人の先輩から言われたことが衝撃でした。プルデンシャル生命の強みは、そういう営業マン同士が厳しくチェックしあう文化を醸成し、浸透させていったところにあります。

この販売資格試験は、2年間の間に10科目通らなければなりません。私たちがプロとしてやっている以上、**その知識はお客さまを守るためであって、自分が売れるためではありません**。お客さまのことを考えていれば、勉強はやらなければいけないことではなく、やって当たり前のこと。今では、新人時代にその先輩と出会えたことを、とても感謝しています。

ただ、生命保険の営業マンにとっては、生保大学課程が終わったあとからが本番です。ここからさらに、法人のこと、相続のこと、事業承継のことなど、知識を高めなければいけないことが山積しています。

例えば、法人で生命保険に入っている社長さんのケースです。

「会社で保険にたくさん入っているから、大丈夫だよ」

「万一のことがあったら、私の保険を家族に払うように総務に言ってあるから」

そう話す社長さんには、

「社長、本当に家族の手元に保険金が届くと思いますか？」

と質問します。

「え？」

「銀行からの借り入れ分と、当面1年分程度の社員の給料と運転資金を現預金でおもちなら別ですが」

「そんなのあるわけないじゃない」

「社長が確実にご家族を守りたいのなら、奥さんを受取人とした個人保険に入っておいてください」

生命保険は受取人である奥さんの固有の財産になるので、たとえ会社に借金が残ったとしても遺族は確実に保険金を受け取ることができます。そういう最低限の知識を身につけることで、責任をもってお客さまをお守りできるのです。

生命保険の約款には、細かくて難しいルールが詳しく記されています。それを読み込んでいくだけでも大変な作業です。それを理解したうえで、生命保険の知識だけでなく税金や相続の知識なども組み合わせることで､お客さまにベストな選択をお勧めできるのです。

私の大先輩で、30年以上この業界で活躍している人でさえ、

「生命保険は深いな」

と言いながら、今でも勉強を続けています。たとえ試験で満点をとったとしても、そこ

で終わりではありません。そこはスタートラインなのです。

「思考錯誤」から「試行錯誤」へ

「試行錯誤」をもじった「思考錯誤」という言葉があります。ここから抜け出せなくなっている人がとても多く見受けられます。

そういう人は、聞きかじりの知識だけで、

「そのやり方はうまくいかないらしいよ」

「その方法はみんなやって失敗してるよ」

と、人から聞いただけで自分が経験したような気になっています。自分の頭の中で「思考」しているだけで、実際には何一つ「試行」していないのです。

自分の中に一本筋が通ったセールスの土台を持たない営業マンは、いつも不安を抱えています。だから先輩連中に、聞きに行くのです。

「どうやったらそんなに売れるんですか？」

「こんな感じでやってみたら?」

それでも不安になって、別の人のところに行く。

「いや、そうじゃなくて、こうやってみたら?」

そしてまた別の人のところに行く。しまいには誰の言葉を信じていいのかわからず、行動にも移せない。自分では判断できなくなってしまうのです。

人の体験を鵜呑みにすると、頭が混乱してきます。まさに「思考錯誤」の状態。結局なんの成果にも結びつけられずに、

「ああ、何も変わってなかった。やっぱりダメだった。自分は何やってるんだろう」

という話です。こうなると、営業マンとしての芯がグラグラになって、自分の軸もなくなってしまいます。

そんな中途半端な「思考錯誤」はきっぱりやめて、自分で信じたことをひたすら試してみる。まずは、自分で行動してみること。それでもうまくいかなかったら、そのときにはじめて、

「あの先輩の教えてくれたことを試してみよう」

と、自分が今やっていることをバージョンアップさせていきます。**試行錯誤の本来の意味である、自分なりにいろいろ試みて失敗を繰り返しながら目的に近づいていくやり方に変えていってほしいのです。**

私にも、こんな経験があります。支社長になってスカウトの研修を受けたときのことです。

会社が用意してくれたパワーポイントをうまく組み合わせて、2時間くらいのスカウトのトークをつくり上げました。自分なりにストーリーを考え、ロールプレイを何度もやって、当時10人ほどいた同期支社長の中でも「一番面白いよ」と、いい感じで仕上がっていたのです。

2003年4月に支社長になって、スカウト第一号が大手都市銀行勤務の30歳くらいの女性。練習を何度も重ね、トークの内容にも自信がありました。

「よし、行くぞ！」

生まれてはじめてのスカウトセミナーで、やる気満々でパワーポイント片手に熱弁をふるいました。ところが反応がよくない。私自身も乗りきれない。候補者が帰ったあと、気

になって彼女を連れてきた営業所長に感想を聞いてみると、

「ぜんぜん心に響かなかったと言っていました」

来てくれるかどうかは別にして、「響かない」ということに愕然としました。たとえお世辞でも「勉強になった」「ためになった」「今の仕事に活かせそうだ」と言ってほしかったけれど、それもないのです。

「わかった。ごめん」

と謝って支社に一人残りました。

あれだけ考えて、あれだけ練習したのに……。ささやかにあった自信は、完全に消えました。


一晩寝ずに考えた末、パワーポイントはすべて捨てようと決心したのです。次の日から、ホワイトボードしか使わなくなりました。そして徹夜して書いたノートの内容をトークにし、私が体験してきたプロとしてのものの考え方、スタンスを、実体験を交えて1時間半ほど熱く語るスタイルに変えていきました。

それ以降、私の全身全霊で語る真剣さと情熱が心に響いてくれたのか、スカウトの実績はみるみる上がり、その後、多くの優秀なメンバーと働けるようになりました。

パワーポイントを使ったのはたった一度だけ。そのかわり、徹夜で書いたノートは、消したり書き加えたり、色分けしたりしながら使いつづけ、「秘伝のタレ」のようになっています。

試行錯誤しつつ、失敗したり間違ったこともしながら、経験として積み重ねていく。そんな実りのある経験をどれだけしていけるかどうかです。経験年数を長く積むのではなく、どれだけ深みのある「経験値」を自分のものにできるか、そこに尽きるのです。

人間的な魅力を磨き上げる

魅力はギャップから生まれる

お客さまにファンになってもらえる条件の3つめは「人間的な魅力」です。これは、いったい何を指しているのでしょう。

例えば「気持ちのいい人」「面白い人」「誠実な人」「心が広くて包容力のある人」「よく気がつく人」「前向きで情熱的な人」「バカ真面目な人」「バカ正直な人」「人情味のある人」——正解はひとつではなく、すべて人間的な魅力のある人です。

そんなふうに並べて自分を見つめてみると、

「私は面白くもないし、包容力もないし、そんな気がつくほうでもないから、人間的魅力なんてほど遠いです」

という方もいるでしょう。でも、安心してください。リクルート時代から数多くの営業マンを見てきましたが、そんなオールマイティな人に私は出会ったことがありません。そんな人間的魅力のオーラに包まれた人なんて、めったにお目にかかれないのです。

私の場合、どちらかといえば「面白くて、情熱的な人」というイメージがあるようですが、きっと吉本興業に入ったら面白くない部類に入るでしょうし、いまだに「情熱大陸」からの出演オファーも来ていません。(笑)

そんな私から見て、面白くて情熱的だと魅力を感じる人もいるし、逆に私にない(と言われている)とことん誠実で、バカ真面目で、バカ正直な人を見ていると、微笑ましくもあり、羨ましくもあり、憧れの存在でもあります。

ということは、人間的魅力というのは、ある意味ないものねだりであり、自分にない個性をもっている人に惹かれたり、同じ個性をもっている人と惹きつけあったり、同じ個性をもっていたとしても、さらに強い個性の持ち主に魅力を感じたりするもの。やっぱり、**人間的魅力には正解がないのです。**

ただ、魅力的だと感じるヒントはあります。それは「ギャップ」です。

例えば、体育会系出身で明るく元気なキャラの人。じつはこれだけでは、なかなか人間的な魅力を感じるには至りません。なぜなら、世の中にそういう人は溢れるほどいるからです。

でも、その人が、じつは師範かと思わせるほどの筆達者だったら？　繊細で気配りのできる人だったら？　勉強家で何を聞いてもわかりやすく教えてくれる人だったら？　とても魅力的に映りませんか？

かなり真面目で誠実な人が、じつはよく笑いをとって楽しませてくれる人だったら？情熱的に語るタイプだったら？　お酒が入ると歌って踊れる人だったら？　それだけで会ってみたくなりませんか？

一流大学、一流企業出身でエリート感満載の生命保険営業マンが、お客さまの自宅でご夫婦と商談を理路整然と進めていて、そつなく質問にも回答し、気持ちよく申込書にサインをもらったとしましょう。

「これから一生涯よろしくお願いします！」

と握手して立ち上がった瞬間、「痛ててて！」となり、今まで正座していた足が痺れてコケてしまい立ち上がれなくなる。そのとき、よく見たら靴下の親指のあたりに穴があいているのに気づき、

「あ！　普段はこんなことあり得ないんですけど。すみません」

と汗をかきかき、足を引きずりながら玄関まで行って、

「どうもお騒がせしました！」

と言って去っていく。その後のご夫婦での会話を想像したら楽しくなりませんか？

「あの人、キチンとしていて立派な方だけど、意外とズッコケていて人間らしいところもあっていいわね」

となるのではないでしょうか。**お客さまは、そんなギャップに引き込まれてファンになってしまうのです。**あなたには、どんなギャップがありますか？

1万分の1のレアな人になる

私のリクルート時代の先輩で、藤原和博さんという方がいます。教育改革実践家という

肩書をもち、何冊もの本を出版されていますが、リクルート在籍中に、初の年俸契約の客員社員「フェロー」制度を創設しました。

その後は「たった一人からの教育改革」を旗印にして、教育委員会を経て、東京都義務教育初の民間人校長になった方です。その藤原さんが、

「1万分の1のレアな人間になりなさい」

と提言しています。1万人に1人しかいない特殊な技能や知識、スキルや個性をもつ人になりなさいということです。

でも、1万人に1人と言われると「自分には無理」と感じる方は多いでしょう。それが100人の村で駆けっこが一番で、明るさも一番なら、100×100で1万分の1の存在になるのです。

それと同じ発想で、100人の仲間が集まったときに、「自分は、それが1番」と言えるものが2つあれば、「1万分の1のレアな営業マン」になっているのです。

例えば、生命保険業界の営業マンなら本業の中で、

・100人いたら一番税金のことに詳しい
・100人いたら一番相続のことに詳しい

・100人いたら一番ニード喚起がうまい
・100人いたら一番会社のことが好き
・100人いたら一番生命保険を熱く語れる
・100人いたら一番生命保険約款オタク
・100人いたら一番……

となり、さらに

・100人いたら一番活動量が多い
・100人いたら一番気持ちがよくて爽やか
・100人いたら一番よく気がつく
・100人いたら一番やさしい
・100人いたら一番ゴルフがうまい
・100人いたら一番料理がうまい
・100人いたら一番お化粧がうまい
・100人いたら一番……

となれたら、この2つが掛け合わさることで、レアな営業マンとなり、その他大勢の営業マンから抜け出すことができ、応援してくれる人が増えていくのです。

アスリートの為末大選手の例を紹介しましょう。彼は400mハードル日本記録保持者で、2001年、2005年の世界陸上2大会で銅メダルを獲得しています。

彼は中学3年生のとき、陸上の大会で100m、200m、400m、走り幅跳び、3種競技A、Bという6種目で日本一になって大注目を浴び、「久々に現れた日本の超アスリート」と言われました。

彼はその種目の中でも短距離が得意で大好きだったのです。オリンピックでも世界陸上でも、100mや200mで勝ちたいと強く思っていました。ただ、結果的に彼の選んだ種目は、ご存知のように「400mハードル」。ややマイナーな種目です。

彼は高校3年生のときに、大好きな100mも200mも捨てたのです。そして400mという瞬発力と持久力の両方が必要な距離で、かつハードルという技術が必要な種目を選ぶのです。

なぜかというと、絶対的身体能力で結果が決まりやすい100m、200mでは、カール・ルイスやベン・ジョンソンが超人的な世界記録を打ち立てていたし、そこではとうてい太刀打ちできなかったから。

ならば400m走だったら100人のうち1番、ハードル技術でも100人のうち1番。これなら1万分の1だから世界で勝負ができると決断したのです。その結果、彼は日本の短距離界で初のメダルを獲得し、日本の陸上界に歴史を刻みました。

これは、営業の世界でも参考になります。あらゆる知識とテクニックと人脈をもっている。そんなスーパー営業マンをめざそうとすればするほど、すべてが中途半端になり、めざす理想は遠のくばかりです。

だとするなら、**自分はどこのフィールドなら活きるのか、どこなら勝てるのか。ピンポイントでもいいから1つ、できれば2つ、勝負できる土俵を選びます。レアな存在になるには、時には捨てる勇気も必要になります。**

ホンモノだけが生き残れる

人間的魅力のある人を研究していったら、「人間的魅力=ホンモノ」という定義にたどり着きました。私は講演でよく、こんな質問から入ります。

「あなたはホンモノですか？」

　すると、たいていの人が、

「いや、まだまだです」

「じゃあ、ニセモノですか？」

「いや、ニセモノではありません」

「ホンモノでもなくニセモノでもないあなたは、いったいナニモノなんですか？」

　こう聞くと、みんなポカンとした顔をします。そういう人のことを「未熟モノ」といいます。未熟モノのくせに何の努力もしていない人のことを「オロカモノ」といい、オロカモノのくせにホンモノと勘違いしている人のことを「バカモノ」と呼びます。

　これが「ホンモノ五段活用」で、世の中にニセモノの人はそうそういないけど、未熟モノ、オロカモノ、バカモノに類する人は多くいます。そしてホンモノは、ほんの一握りしかいません。

「ところで動物園のゾウはホンモノですか？」

「もちろん、ぬいぐるみじゃないのでホンモノです」

「では、動物園で生まれたアフリカゾウと野生のアフリカゾウでは、どちらが長生きしますか？」

じつは動物園のアフリカゾウは平均寿命が17年、野生のゾウは56年と、約3倍長生きするそうです。衛生環境もよく、食事も用意してくれ、何より安全が確保されている動物園。ゾウにとってはスイートルームと呼べるような環境だとしても、一度チェックインしたら永久に外に出られません。そこでの暮らしに慣れていくうちに、生存本能が衰えて長生きすることすらできなくなるのです。

一方で野生のゾウは、重い体でエサを求めて何キロも移動し、その間、いつライオンやチーターやワニに襲われるかもしれない。そんな日々の危機感の中で生存本能が養われ、たくましい野生のアフリカゾウとして生き抜くことができるのです。

私は子どものころ、『野生の王国』というテレビ番組が大好きでした。野生で生き抜くためにどうやってエサを確保し、子孫を繁栄しつづけていくのか。弱みをカバーして天敵から逃れ、自分の強みを生かして知らぬ間に個性的な生き物に進化している。そこに魅力を感じたのです。

人間も動物、営業マンも生き物です。厳しい環境にあえて身を置き、「どうやったらライバルに勝ち、生き延びることができるか」を考えて行動し、自分にしかない個性を磨きつづけていくことが大切です。

苦手なタイプのお客さまがいたり、肌の合わない上司がいたり、ウマの合わない仲間がいたりすることもあるでしょう。そこを避けて通るのではなく、**そんな苦手な人（天敵）を歓迎して、コミュニケーションのとり方を工夫し、乗り越えていく。その経験こそが、ホンモノに近づけてくれます。**

ホンモノつまり「人間的な魅力のある人」とは、そんな研究と努力と時間をつぎ込みつづけた人にしかたどり着くことができないのです。

ところで、あなたはホンモノですか？

第 5 章

4つのステップで一流になれる

知る——体に覚え込ませる

セールスの基本は覚えること

これからお話しする「成長の4ステップ」は、生命保険業界や営業の世界に限っての話ではありません。人が成長していくためのプロセスで、仕事でもスポーツでも芸術でも習い事でも、すべてのことに共通しています。

そのステップとは、東京大学総長、国立大学協会会長などを歴任された、佐々木毅先生のご著書『学ぶとはどういうことか』にある「知る」「理解する」「疑う」「超える」の4段階。どのステップもとても重要で、1段飛ばし2段飛ばしで進むことはできません。新人営業マンがトップ営業マンへ、さらには営業リーダーへと成長していくには、この「成長の4ステップ」を順番にのぼりつめていくことが必要です。

「知る」には「勉強」と「学び」がありますが、どこが違うかわかりますか？

「勉強」は、例えば小学校で先生の手本にしたがって、身につけるべき最低限のことをきちっと知り、できるようになること。いわば土台づくりで、勉学も仕事もスポーツも、土台が盤石でなければ高く飛び立つことはできません。その土台もないのに、

入社したての新人営業マンに、

「自由にやらせてあげるから、好きに売ってきていいよ、自分らしくやってみて」

と言っても、何から始めていいのかさえわからないでしょう。だからこそ、まずは土台づくりのための「勉強」が必須なのです。そういう意味では、「勉強」は受け身なところがあり、若干強制的でもあり、やらされ感もあります。

ただ、そのプロセスを我慢強く繰り返しやり込んだ人にしか、その土台を手に入れることはできません。

では、生命保険営業マンにとって、セールスの土台とは何なのでしょう。

例えば、セールスプロセスで考えてみると、

・テレアポ――お客さまの反対を乗り越え、気持ちよくアポイントがとれる。
・ファーストアプローチ――コンパクトかつインパクトのあるトークで、生命保険に興味をもってもらい、「ぜひ次回も会いたい」と期待を抱かせることができる。
・保険設計のためのヒアリング――お客さまに寄り添い、スピーディーで正確な取材ができる。
・ファクトファインディング――お客さまのまだ気づいていない（潜在）ニーズに対して問題提起を行い、「本当に欲しかったもの」を呼び起こすことができる。
・プレゼンテーション――単なる商品説明で終わることなく、生命保険の使い勝手をお客さまにあてはめ、加入後のイメージを浮かばせ、解決策を提示できる。
・クロージング――反対を歓迎し、あらためて商品の価値を高めることで、お客さまを気持ちよく契約へと導くことができる。
・証券受領確認――加入した生命保険と担当者の価値を高め、さらなる保全サービスへの期待感をもたせることができる。
・紹介入手――紹介者の影響力を使って、正々堂々と紹介依頼を行うことができる。

以上がセールスの土台になります。**このようにセールスプロセスを区切って、「このプロセスでは最低限これだけはできるようになってほしい」ということを明確にしておかなければなりません。**もし、あなたが組織のリーダーやマネージャーの立場であれば、すぐにでもその職業における土台をつくってあげてください。それにより、メンバーの学びと成長のスピードは、格段に上がることになるでしょう。

ただ、こうして書くのは簡単ですが、実践の場でうまくできるようになるのは大変です。それを私は「2年間で自分のものにしてほしい」と言いつづけてきました。練習と実践、失敗と成功を何度も繰り返し、生命保険営業のプロとしての土台をしっかりつくり上げてほしいと。

新人営業マンは、トークの台本を「完コピ」し、「猿マネ」し、身につくまで練習（ロールプレイ）と実践を繰り返すことになります。

私が支社長時代のこと、仲間の支社長から真面目に言われたことがあります。

「メンバーを金太郎飴みたいな営業マンにしたいの？」

「マシーンのような営業マンをつくりたいの？」

思わず答えました。

「え？　何でそれが悪いの？」

なぜなら、生命保険のプロとしての土台も、プロの営業マンとしての土台も、お客さまを感動させることやファンクラブをつくっていくための土台も、すべて同じだからです。

むしろ、メンバー全員が金太郎飴のように機械のようにセールスの土台を実践してくれたら、お客さまへの満足度は確実に向上するはず。だからこそ、「再現性のあるセールスプロセス」を徹底的に身につけることを最優先したのです。

「2年間だけは私の言うことを聞いてほしい。あとは自由にやってくれていいから」

新人営業マンにかけつづけたこの言葉には、私の願いが込められてます。2年間は理屈や意味がわからないでいいからガムシャラに「猿マネ」する。これ、じつはとても大切なのです。子どものころに掛け算九九を覚えたとき、それが人生でどう生かされるのか、覚えるとどんないいことがあるのかなど、理解していたでしょうか。

「勉強」とは、手本である先生から、仕事で言えばリーダーやマネージャーから、**「とに**

かくこれ覚えといて」と言われたら、意味や理屈を抜きにして、まず体で覚える。それくらいの素直さが必要です。矛盾しているように感じるかもしれませんが、それが「知る」ということのはじめの一歩となるのです。

やる気は「欲求×成功期待感」

「学び」とは、こうありたいという理想の自分に成長していくためのプロセスです。土台をしっかり勉強したあと、さらに成長するために、積極的に能動的に当事者意識をもっていることです。

同じ「知る」というステップでも「勉強」と比べればかなり前向きなイメージ。ここでは「やる気」が大切になります。

ところで「やる気」とはいったいどこから湧いてくるのでしょうか。たいていの人は、やる気があるつもりでいても、本当にやる気があるかどうかはわかりません。そもそも、やる気が何かすらよくわかっていない人が多い。これを方程式で示すと、

「やる気＝欲求×成功期待感」

となります。「欲求」とは「トップ営業マンになりたい」「大金持ちになりたい」「尊敬される人間になりたい」という気持ち。最初は誰でも自分なりの欲求をもってこの業界にチャレンジしてきます。そして、自分なら絶対に成功できるという「成功期待感」を抱いています。

つまり、**手に入れたいという欲求があり、それがきっと手に入る（入りそうだ）という成功期待感をもったとき、はじめてやる気のスイッチが入るのです。**

やらされ感のある勉強レベルで「完コピしました」「猿マネできました」と言っても、ただ手本の先生（マネージャー）の話を知っただけ。そんなレベルで現場に出ても、撃沈して帰ってくるでしょう。ここで中途半端に練習して実践しても、やはり撃沈してしまいます。

その結果、「何をやってもうまくいかない」と成功期待感が下がり、いずれ欲求までなくなり、やる気を出す方法を見失い、学びの階段をのぼることなく、このプロの世界から去っていくことになるのです。

じつは、この成功期待感というのがやっかいで、生命保険の営業マンはこの成功期待感を下げる機会を、日々避けて通ることはできません。テレアポをしたら、

「もういっぱい入ってるよ」

「見直したばかりだよ」

「これ以上付き合いで入れないよ」

とけんもほろろ。着信拒否となることさえあります。約束の時間ぴったりに訪問したらそこには人影もなく、電話してみると留守番電話で折り返しも来ない。プレゼンで意気揚々と自宅に行ったら不在。電話をしてみると、

「あれ、今日でしたっけ。今、家族でディズニーランドなんですけど」

ということもあります。

順調にプレゼンが進んで、今日はお預かりできるかなとクロージングしようとすると、

「え、今日決めなきゃいけないんですか？」

と先延ばしになる。すごく気に入ってご加入いただいた方に紹介依頼をすると、

「そういうのは、勘弁してくださいよ」

と断られる。

どうですか、こういう状況が続いて、成功期待感を維持できるでしょうか。この営業マンの気持ちを考えただけで胸が痛くなります。われわれは、そんな**日々下がる成功期待感を、毎日「どこに問題があったのだろう」と課題を抽出し、トレーニングで克服していかなければならないのです。**

落ち込んだままでは終わらせないという覚悟で、やる気を取り戻して現場に出ないと、お客さまの前で輝いている自分を見せられません。輝いていなければ、生命保険に入ってくれる人は現れません。

では、生命保険の営業マンが最もやる気になっているときは、いったいいつなのでしょう。確実に言えるのは、この業界にチャレンジしてきたときです。ですから、新人営業マンがキラキラした夢をもち、成功するイメージしかもっていなくて（根拠のない自信）、やる気満々で、学びたいという状態のときに、死ぬほど土台づくりに励むことが大切なのです。

「ロールプレイング」と「現場」、「猿マネ」と「実践」を繰り返し、何度も失敗を繰り返

す中で、

「あっ、これだ、この感覚」

と感じた瞬間、はじめて次の「理解する」というステップにつながっていくのです。

理解する――気づいて納得する

「わかったつもり」から「わかった」へ

学びの第2ステップは「理解する」「腹に落ちる」ということです。手本のマネージャーからたくさんの教えを学んでいる中で、こんな疑問が湧いてくるでしょう。

「なぜ、あの場面であんな言い方をするんだろう?」

「なぜ、あのケースであんなトークを使うんだろう?」

「なぜ、あのときにあんな行動をとるんだろう?」

でも、その考え方ややり方を100%理解していなくても、**まずは実践で試しつづけていくことで、徐々にその原理原則や本質が納得できて心に収まる。それが「理解する」**

ということです。

じつは、このステップまで来られない人はたくさんいます。

新人営業マンが、なんとなく手本を見て、なんとなく覚えて実践してみると、「なんだ、言われたとおりにやったけど、うまくいかないじゃないか」

ということが多いのです。もちろん簡単にうまくいくはずがありません。ここで原点に戻って必死に手本を覚えて練習しまくる。そのうえで実践を繰り返すことで理解が深まるのです。

なのに、またろくに反省も練習もせず、現場に出つづけて、

「やっぱりあのやり方じゃうまくいかないよ」

となる。たいていの人は、

「もっと楽に売れる方法はないの？」

「別の方法のほうがうまくいくんじゃないか？」

などと考えたくなってしまいます。

以前『夢をかなえるゾウ』という本がベストセラーになりました。これは、ごく平凡な

サラリーマンが「神様」と名乗る謎の生物、ガネーシャの指南を受けて、自らの人生を変えていくという物語です。その最初の教えが「靴を磨く」こと。当たり前すぎて、気が抜けるほどの教えです。

ただ、それを聞いて、

「そんなの成功者みんながやってるわけじゃないでしょ?」

「靴が汚れていても、成功してる人はいるんじゃないの?」

「そんなんじゃなくて、もっと簡単に成功する方法を教えてよ」

と主人公は反論しました。でも、そのときガネーシャは言うのです。

「あなたは2000%成功できないから」

例えば、イチローが毎日グラブやスパイクを磨くのと同じように、営業マンだったらカバンや靴を磨くのは当たり前のことです。

ところが、せっかく成功した人たちがやっている習慣を教えたのに、あれこれ言い訳して、もっと楽で簡単な方法を求めてしまう。結果的に、靴を磨くことの本質も理解せず、その大切さもわからない。ろくに靴磨きもしないので、人生も変わらない。

こういう人は、「もっと楽して成功する方法はないか？」と旅に出て、さまようことになります。

学びのステップをのぼっていける人というのは、素直に「完コピ」や「猿マネ」したトークに少しひねりを加えたり、言い方を少し変えてみたりして、遊び心で工夫をしていける人です。それをお客さまに試してうまくいくことが続くと、

「このトークはかなり響いた」

「あのトークは使える」

「これだったんだ、自分に教えたかったことは」

とはじめて理解し、セールスの原理原則や本質が腹に落ちるのです。

話を聞いただけでわかったつもりになっても、実践を通さなければ、本当の理解はできません。すべての新人営業マンが「わかったつもり」「できているつもり」でお客さまの前に出るのですが、それを実践の中で「わかった！」「できた！」に変えていくのが、この「理解する」のステップなのです。

「わかったつもり」「できているつもり」を放置しておくと、それが「喜んでもらったつもり」「感動してもらったつもり」「契約してもらえるつもり」で止まってしまい、ダメ営

業マンへと近づいていきます。**実践の中で一つひとつ「○○のつもり」をなくしていくことで、次のステップへとつながっていくのです。**

「気づき」はオンカメラロールプレイで

私はマネージャーのころ、営業マンのために「人間ドック」ならぬ「かわPドック」を行っていました。通常の人間ドックは、自覚症状があるかないかに関係なく、病院で体の精密検査を受けてチェックする健康診断。

「かわPドック」は、営業マンが売れているかどうかにかかわらず、定期的にチェックするセールスプロセス診断です。現状どこに問題点があるのかに気づいてもらい、解決策をアドバイスしたり指導します。

とくに新人営業マンの場合、お客さまへの応対でいっぱいになり、「客観的な自分が見られない」ということが大きな課題です。

その課題を簡単に解決するのが、「オンカメラロールプレイ」です。セールスプロセスのすべてを撮影し、自分で見てもらうか一緒に見ます。

まずは、私がお客さま役でメンバーとロールプレイングしたビデオを撮影します。撮影にあたっての注意点はたった1つ、「本番と同じようにやってね」だけです。

メンバーから、

「普段、お客さんの前ではやってないんですけど」

「ロープレ用にやっちゃいました」

などという言い訳が絶対に出ないようにします。撮影後、何もアドバイスせずに（これがとても大切！）、ビデオを見てもらって感想を聞くと、

「ぜんぜん台本どおりに、できてないですね」

「教わったとおりに、できていませんね」

「ムダなトークが多いですね」

たいていそんな言葉が返ってきます。

じつは、そもそもその視点が間違っています。お客さまは、われわれの台本も知らなければ、営業マンが何を教わったかも知りません。無駄なトークが多いなんて気づくはずもありません。

そんなことはどうでもよくて、ビデオを見るときは、スタートボタンを押した瞬間か

ら、**お客さまの視点で見ること。**お客さまの目線で、次の2つのことを意識してもらいます。

①この人が営業に来たら、気持ちよく保険に入りたいと思うか。

②この人を誰かに紹介したい、自慢したいと思うか。

これが気づきの第一歩になります。だからフィードバックでは何度もビデオを止め、

川村　「今のトーク聞いてどう?」

メンバー「いやー、イケてないですね」

川村　「お客さんなら、どういう気持ちになる?」

メンバー「嫌な気持ちにしかならないですね」

川村　「でも、いつもこうやってるんでしょ?」

メンバー「いや……まぁ……」

川村　「じゃあ、ほんとはどうすればよかったの?」

メンバー「もっとこういう言い方にすればいいと思います」

川村　「じゃあ、やってみて」

メンバー(そのトークだけロールプレイ)

川村　「それで、ほんとにお客さんに喜んでもらえる？」
メンバー「と思うんですけど……」
川村　「じゃ、こんなふうにやってみたら？」（私が見本を見せる）
メンバー「そっちのほうが喜んでもらえますね」
川村　「前からそう言ってるじゃない」
メンバー「そうでした」
川村　「じゃ、やってみて」
メンバー（ロールプレイ）
川村　「違うよ。もうちょっとこうやってみて」
メンバー（ロールプレイ）
川村　「おしい、おしい。もうちょっとこう」
メンバー（ロールプレイ）
川村　「できたじゃない。それならどう？」
メンバー「きっとお客さんも喜んでくれると思います」
川村　「じゃ、次行こう！」

川村&メンバー（ビデオ視聴再開）
川村　「あっ、ストップ！　ここどう思う？」
　これを繰り返していきます。3時間で撮影したビデオを9時間くらいかけてフィードバックします。この私からの質問と本人の気づきと、ロールプレイを繰り返すことで、はじめてお客さま目線を養っていくことができるのです。

　ビデオの中で「ヘンなことを言ってしまったな」ではなく、そのときにお客さまがどんな気持ちになっているか、どんな反応をしたのかを見てほしいのです。それを何度も繰り返したうえで現場に出ると、

「あ、今お客さまの顔色が変わったな」

　という瞬間に0・2秒で気づけるようになります。

「理解するステップ」で一番大切なことは、「自分で気づく」「自分で納得する」ということ。人が用意してくれた答えを鵜呑みにするだけでは、理解したことになりません。その気づきと理解のスピードを格段に上げてくれるのが、オンカメラロールプレイなのです。

疑う——手本のレベルで終わらない

自分ならどうするかを考え出す

学びの第3ステップは「疑う」です。**人が成長するためには、勇気をもって疑うことがとても大事**で、これがさらに積極的な学びになっていきます。では、何を疑うのかです。

第1・第2ステップを終えたころに、メンバーは気づきます。

「かわPさんのキャラクターと自分のキャラクターは違うから、もっとスマートにアプローチしてみよう」

「私はかわPさんより可愛げを出してやってみよう」

「かわPさんはあの話で笑いをとっているけど、自分はこのネタを入れてみよう」

「かわPさんと自分のマーケットは違うから、もっと効率的に活動しよう」

土台は同じでも、そこに自分なりのスパイスを効かせていく。これが疑うことの狙いです。

知って覚えてマネをして、徹底的に原理原則を理解して、腹に落ちたあとに疑う。疑うことで、手本の猿マネで終わるのではなく、自分の可能性を広げていくことができます。


メンバーは全員、前職も違えば得意ワザも個性も違い、会ってくれるお客さまのタイプも異なります。そのお客さまの違いにどう柔軟に合わせていくか。そこにフォーカスして、攻略法を探っていくのです。

それができるためには、柔軟性やコミュニケーション力も必要ですが、ここまでのステップでセールスの土台を「理解した」だけに終わらせることなく「現状維持は衰退」であることを意識して、

「このままじゃダメだ」

「どうやったらもっと自分のものにできるか」

「どうやったらもっとお客さんに喜んでもらえるか」

と考え抜き、試行錯誤を続けていくことが大切になってくるのです。

疑うというステップには、手本を乗り越えたいというモチベーションをもち、学んだことを自分なりに進化させていきたいという思いが込められています。そこに、新しい道を探りだそうとする意志が芽生えているのです。

「謙虚な人」とは学ぶ姿勢のある人

「知る」→「理解する」のステップでセールスの土台ができあがったにもかかわらず、そこで成長が止まってしまう人がたまにいますが、残念でなりません。

その一番の原因は、手本である先生とマネージャーのことを盲信してしまうことです。手本を信じることは大事だけれど、世の中に完璧な人などいないし、時代も変化していきます。信じきってしまうことは、ときに成長を妨げる原因にもなるのです。

そのためにもぜひ、「謙虚な人」になってほしいと思います。そんなことを言ったら、

「いやいや、かわPさんと比べたら、私のほうがずっと謙虚ですよ」

という人が多いかもしれません。

一般的に、日本国民的に謙虚といったら、どんなイメージをおもちでしょうか。でしゃばらない、控えめでおとなしい、しゃしゃりでない、一歩引いた感じでしょうか。

そういう意味では、「かわPさんは謙虚な人だなあ」と言われたことが一度たりともありません。

でもまわりの人が私のことをなんと言おうと、私自身はかなり謙虚だと思っています。それはなぜかというと、私は自分の考え方が一番だとか、自分のやり方だけが正しいと思ったことが一度もありません。

世の中には自分の想像を超える考え方、やり方で成功している人がたくさんいます。ですから、自分が一番だとか、自分だけが正しいと思ったことがないのです。これを「謙虚な人」といっているのです。

私のいう「謙虚な人」とは、「学ぶ姿勢のある人」です。そういう意味では、まだまだ謙虚になりきれていない人はたくさんいるでしょう。せっかくプロの世界に入ってきたのに、その謙虚さをはき違えている人が多いと思うのです。

ところで、あなたの会社の中にも、とんでもなく売上成績のいい人っていませんか。売上成績ベストテンとかチャンピオンの常連になっている人がいるかもしれませんね。年収も、とんでもなく稼いでいる人もいるかもしれません。

そういう人に、次のようなことを聞きに行っていますか？

「新人時代にどんなことをやっていましたか？」

「何から勉強すればいいですか？」

「どういう活動をすればいいですか？」

「マーケットはどのように変えていったんですか？」

意外と行っていない人が多いのではないでしょうか。それはなぜか。売れている人って少し怖いですよね。いつもピリピリしていたり。忙しそうにしていたり。

でも、そこは勇気をもって、謙虚になって、「ぜひ時間をください」と行くのです。

「あ、ごめん、ちょっと、今忙しいから」

と言われたとしても、

「いつでも構わないので」

と食い下がれば、

「今日の夜なら空いているよ」

「明日の昼なら空いているよ」

と必ず時間を取ってくれます。なぜかというと、現在大活躍している人たちも、新人のころは売れている人たちに「謙虚に学ぶ姿勢」で教わってきたからです。

「いやいや、うちの支社や会社にはそんなに売れている人はいませんよ」

という人もいるでしょう。

「えっ、隣の支社にも？　その隣の支社には？　違う会社には？　東京や大阪や名古屋や地方にはいませんか？」


あなたが心の底から「謙虚な人」になれば〝師〟はいくらでも現れて、あなたの成長を助けてくれるでしょう。

「知る」「理解する」のステップで身につけたセールスの土台は、木にたとえると根っこであり、幹にあたります。その強い土台ができあがったなら、さらに水や光や栄養を与えることで、枝葉を伸ばし広げて、大きな実を結んでいくことができます。その栄養こそが、先輩や仲間からのアドバイスなのです。

「我以外皆我師なり」という言葉のように、**たくさんのアドバイスに耳を傾け謙虚に吸収していくと、そのすべてがあなたの栄養となります。**

土台さえしっかりできていれば、考え方ややり方に多少の違いがあったとしても、ブレることはありません。むしろ、それを消化して取捨選択し、

「自分ならこうする！」

というところをものにすることができれば、自然の流れの中で「疑う」というステップを経て、最終ステップの「超える」へと入っていけるのです。

超える——極めてその先をめざす

自分だけのオリジナルを生み出す

最終ステップは「超える」。

このステップまでのぼってこられる人は、ほんの一握りです。でも一人でも多くの方にチャレンジしてもらいたい。なぜなら、今まで教わり成功させてきたものを、ある意味否定し、固定観念や成功体験に捉われることなく、進化を続けていこうとするステップだからです。

これは「究極の学び」とも言われていて、自分を突き詰め、最後には自分にしかできない境地にたどり着き、オリジナルを生み出していくステップです。

営業マンで言えば、オリジナルのセールストークやマーケティング手法を生み出していくこと。リーダーやマネージャーなら、オリジナルのトレーニング方法やマネジメント手法をつくり出していくことです。

これまでの第1〜第3ステップを着実に積み上げ、階段をのぼってきた人が生み出す「オリジナルなやり方」は、世界に一つだけのもの。しかも自分であみ出した手法だからこそ、誰よりもうまくできるはずです。

私から教わったメンバーがオリジナルのトークを生み出したら、手本であった私でさえ太刀打ちできません。師匠としたら、嬉しいような悲しいようなもどかしい気持ちにもなりますが、そこでやっと役目を果たすことになります。

誰もがはじまりは「知る」からスタートし、完コピ、猿マネで半ば強制的に身につけてきたセールスの土台を、実践を通して理解します。

そして「疑う」ステップを通して、自分で考え抜き、自分の可能性を広げていく。さらに最後のオリジナルを生み出す「超える」ステップにまで来たとき、はじめて金太郎飴ではない「個性的な営業マン」として自立していくのです。

そこには、ほかの誰でもない「あなた」が確実にいるのです。

そこで大切なことは、「超える」ステップにたどり着いたからといって、手本の先生やマネージャーより偉いとか凄いわけではないということです。そもそも師匠を「超える」なんておこがましいこと。それは別の道を歩き出したという意味なのです。

究極の学びにまでたどり着いた人はみな、いまだに目に見えない何かを「超えたい」と思い続けているはずです。つまるところ、マズローの欲求5段階説のところで話した「自己実現」とまったく同じことです。進化し、成長するプロセスを楽しみたい。だからこそ、「苦しいけど楽しい、しんどいけど面白い」というプロセスを繰り返していけるのです。

つまり**「超える」ステップは、過去の自分を超えたいということに尽きます。**

ひたすら「次世代の手本」をめざす

「オリジナル」な考え方ややり方を手にしたら、その先には何が待っているのか。そこには次の2つの道があります。

①プロの営業マンとして極めていく道

変化の激しい時代の中で、常に新しい情報を敏感にキャッチし、専門性を高め、さらに人間的魅力も高めていく。若い営業マンの憧れとして、会社や業界を代表するトップランナーとして活躍していく道。

②マネージャー、リーダーとして人を育てる道

志の高さと責任感の強さがないと誰もついてきてくれない。そのうえで、自ら体現したセールスの土台を、論理だけでなく具体的にやってみせ、メンバーができるようになるまで寄り添う仕事。方向性を示し、メンバーを安全かつモチベーション高く導き、組織の未来を築いていく道。

私が一緒にやってきたメンバーの中には、プロの営業を極める道を歩んでいる人もいれば、すでにリーダーやマネージャーとして活躍していたり、社長になった人もいます。ただ私の想いとしては、ぜひ次は次世代の手本となることにチャレンジしてほしいと願って

います。

自分が学んだ考え方やノウハウをさらに進化させ、オリジナルの方法を生み出す。それを次の世代に伝えていき、新たな手本としてさらなる高みをめざしつづけていく。そんな手本から学びたいと思っている若手は多いはずです。

オリジナルの方法を独り占めにすることなく、あなたが手本となることで、またそこに、「営業マンとしての成長の4ステップ」をスタートさせる人が集まってくる。その瞬間、あなたの「リーダー、マネージャーとしての成長の4ステップ」も始まることになります。

営業マンとして、オリジナルの世界にまでたどり着けた人なら、きっと、

「自分ならもっとこう育てる！」

と意気込んでマネジメントをスタートさせることでしょう。

しかし、自分とまったく同じ考え方、能力、個性、モチベーションをもった人はいません。手本としてメンバーの「知る」というステップに立ち合い、「理解する」というステップに引き上げるまでが、いかに難しいことか。

「なぜ、もっと猿マネしてくれないのか」

「なぜ、それをもっと実践しないのか」

「なぜ、その本質が理解できないのか」

と嘆くこともあるでしょう。それなのに、

「もっとほかに、いいやり方はないのですか？」

と言われると、

「この仕事、本気でやる気あるの？」

と言いたくもなるでしょう。

そんなとき、手本であった自分の師匠のことを思い出し、教え方ややる気の引き出し方のうまさ、メンバーにかかわる粘り強さや愛情の深さを知ることになります。

「追いつけたと思っていたけど、まだまだ先があったな」

と自分の未熟さを痛感し、リーダー、マネージャーとしての「知る」という成長の第1ステップが始まるのです。


私自身、プロの営業マンとしてある程度の実績と自信をもち、マネジメントの道を志しました。そこには営業マンとしては、まったく想像できないような難しい仕事が待ち受けていました。

前述したように、4つのステップを着実にのぼっていける新人営業マンはほとんどいないのです。私も「なんでこの道を選んでしまったんだろう」と後悔した日がなかったわけではありません。

そんなマネージャーとして、まだ地に足がついていなかったころ、一つ明確になったことがあります。それは、

「出会った人の可能性を広げてあげたい！」

ということです。自分の人生理念とは何なのかを考え抜いた結果、この言葉が腹に落ちました。そのときから、私のマネージャーとしてのモチベーションはブレなくなり、

「どうやったらメンバーを自立させられるか」

と考え実践する日々が始まりました。

まさにマネージャーとして「知る」から「理解する」へのチャレンジがスタートしたのです。プロの営業マンとして「超える」ステップまで来たとしても、新人マネージャーと

しては、またふりだしに戻ります。この体験こそがすばらしいこと。人間的な成長を求めるなら、これ以上の場はないのです。

私はたびたびメンバーに対して、

「自分のもてる潜在能力を100％使い切っていますか？」

と問いかけてきました。その質問は、じつは自分自身にも向けられています。

リーダーである自分自身が潜在能力を使い切っている姿を見せない限り、一人たりとも一緒に熱くなってついてきてくれる人はいません。みんなの手本になるには、自分がまずやってみせるしかないのです。

リーダーとして「平生を磨こう」とメンバーに向けた言葉も、すべては自分に返ってくる。そう、もちろんラーメンの食べ方ひとつも。

◎おわりに

営業力は、才能なのか努力なのか――。

このテーマ、あなたも考えたことがあるのではないでしょうか？

「努力も才能でしょ」というなら、100対0で才能の勝ちとなるのですが、私の経験では、売れない営業マンほど、うまくいかない理由を才能にしがちです。

「私は、この仕事に向いていないんです」

「かわPさんのように才能がありませんから」

私はメンバーからのこういう言葉を、一度も信じたことがありません（もちろん、あなたが言ったとしても）。なぜなら、営業の才能があることを証明することは簡単だけど、営業の才能がないことを証明するのは、とても難しいことだから。

「営業の才能がある」ことは、ラッキーでも、実力でも、売れれば証明になりますが、「営業の才能がない」ことは、プロとしてのものの考え方やスタンスをしっかりもち、ありとあらゆる努力をやりつくし、本書のメインテーマである「平生」も磨きつづけたうえで、それでも売れないことを証明しなければならないからです。

だとしたら、うまくいかない理由を才能のせいにするのではなく、「ちょっとさぼっていました」と開き直って、「一から正しい努力をしてみます！」と元気に前向きにチャレンジすることで、あなたの営業人生は大きく変わり始めるのです。

そして、あなたが本書の教えを再現し、トップセールスとなり、うまくいく証明をしてくれたなら、これほど嬉しいことはありません。

その暁には、ぜひ白金の天山飯店で一杯やりましょう！

川村 和義

川村和義

株式会社オールイズウェル代表取締役社長。

1963年大阪生まれ。立命館大学経営学部卒業。1987年株式会社リクルート入社。求人広告営業としてトップセールスとなった後、営業リーダーとして自らのノウハウを共有する勉強会「川村塾」を開催し、川崎営業所を事業部No.1へと導く。

1994年プルデンシャル生命保険株式会社入社。ライフプランナーとして活躍した後、営業所長として2001年に年間営業成績(営業所部門)でトップを意味するPT(President's Trophy)を獲得する。2003年には営業マンゼロから支社を立ち上げ、他業界から優秀な営業マンを独自の手法でスカウトし続け、2008年、2009年支社部門でも2連覇。2011年本部長に就任した後も、教え子から数多くのPTを輩出し続けている。その後、執行役員常務として、プルデンシャル生命保険初のティーチングフェロー(学び・教育の専門職)となり、ゼロからオンライントレーニングを使った教育の仕組みを構築し、従来のトレーニングのあり方に変革をもたらす。

2015年株式会社オールイズウェルを設立。「夢と勇気と笑いと感動あふれる組織づくり」を支援するため、営業コンサルティング、リーダー研修、セミナーなどの活動を行う。熱くて、笑えて、ためになる講演が人気を集めている。

ラーメンを気《き》持《も》ちよく食《た》べていたら トップセールスになれた

2020年10月5日　第1版 第1刷発行
2020年10月27日　　　第2刷発行

著者　川村和義
発行所　WAVE出版
〒102-0074 東京都千代田区九段南3-9-12
TEL:03-3261-3713　FAX:03-3261-3823
振替:00100-7-366376
E-mail:info@wave-publishers.co.jp
https://www.wave-publishers.co.jp
印刷・製本　株式会社 シナノパブリッシングプレス

© Kazuyoshi Kawamura 2020 Printed in Japan
落丁・乱丁本は送料小社負担にてお取り替え致します。
本書の無断複写・複製・転載を禁じます。

NDC673 207p 19cm　ISBN978-4-86621-305-7